U0084732
金星出版
命理生活新智慧・叢書
VENUS PUBLISHING CO.

VENUS PUBLISHING CO.
金星出版
命理生活新智慧・叢書

命理生活新智慧・叢書　08

防暴專案
安全自保SUPER手冊

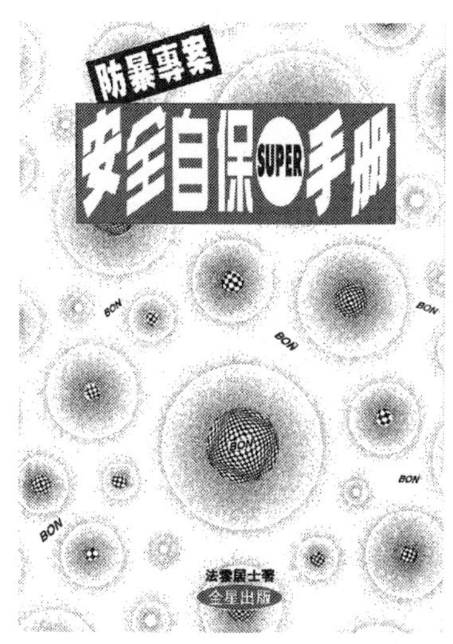

金星出版社 http://www.venusco555.com
E-mail: venusco555@163.com
venusco@pchome.com.tw
法 雲 居 士 http://www.fayin777.com
E-mail: fayin777@163.com
fatevenus@yahoo.com.tw

法雲居士⊙著

國家圖書館出版品預行編目資料

安全自保SUPER手冊／第一版
法雲居士著， --臺北市：
金星出版：紅螞蟻總經銷，
1997 [民86]； 冊 ；公分—
（命理生活新智慧叢書；08）

ISBN 957-98982-9-4（平裝）

1.命書

293.1 86006304

安全自保SUPER手冊

作　　者：法雲居士
發 行 人：袁光明
社　　長：袁光明
編　　輯：王璟琪
總 經 理：袁玉成
地　　址：台北市南京東路三段201號3樓
電　　話：886-2-25630620，886-2-23626655
傳　　真：886-23652425
郵政劃撥：18912942金星出版社帳戶
總 經 銷：紅螞蟻圖書有限公司
地　　址：台北市內湖區舊宗路二段121巷19號
電　　話：(02)27953656(代表號)
網　　址：http://www.venusco555.com
E-mail：venusco555@163.com
venusco@pchome.com.tw
法雲居士網址：http://www.fayin777.com
E-mail：fayin777@163.com
fatevenus@yahoo.com.tw

版　　次：1997年6月　第一版　2019年4月　加印
登 記 證：行政院新聞局局版北市業字第653號
法律顧問：郭啟疆律師
定　　價：200元

行政院新聞局局版北字業字第 653 號

ISBN :9789866441332（平裝）

（因掛號郵資漲價，凡郵購五冊以上，九折優惠。本社負擔掛號寄書郵資。單冊及二、三、四冊郵購，恕無折扣，敬請諒察！）

序

一般中國人多喜歡財喜官旺。這也是世界上大多數人的喜好。若是某一天，有人好心的告訴他！那一天有病災，那一天有血光，亦或是那一天是其生命的極至。那一定會被斥為『烏鴉嘴』，頻遭白眼，不受歡迎之至。這也是中國人向來報喜不報憂的民族性使然了。

然而，在命理學的領域裡，財喜官旺有一定的定數。吉凶禍福也是有一定的定數的。而且，吉凶禍福更主宰著財喜官旺的發展運程。可以說財喜官旺只不過是人生中吉凶禍福中的一小部份而已。談到這裡，許多人要傷感了，難道自己終生所追求的事業、地位、金錢、成功，都那麼的不堪一擊

嗎？

的確！宇宙間存在著太多不確定的因子，正所謂世事多變。風雲變幻莫測，天災人禍，滄海一粟，又豈是身為宇宙間渺小人類的我們所能夠徹底控制得了的呢？但是古聖先賢卻留下了教我們如何躲避凶厄，趨吉避凶的方法，這就是命理學中，能預見災禍的本領學問，在經過長時間的驗證據實後，紫微斗數的命理學就呈現出歸納性的邏輯法則，很準確的指出災禍即將發生的特殊時間及災禍的種類（血光或口舌、官非……等等）。我們預先得知了這些資料，就可很容易的躲避災難的降臨了。

目前社會治安敗壞，暴力事件充斥著社會上各個角落，每個人的安全都岌岌可危。再加上車禍、自殺、病災等意外死亡的陰影籠罩，顯而易見的，我們不能再漠視生活上隱藏的黑暗面，漠視生活上的安全性。再多的金錢，再昌盛的事業，沒有和諧的生命來享用，也是枉然！

因此，在發生了一連串的大案子，桃園縣長官邸劉邦友血案、彭婉如命案、白曉燕撕票案，社會上浮動著恐懼、不安的心情時，身為命理工作者的我們，實在無法再忍受『只報喜、不報憂』，只談財喜官旺，不談人間禍福，掩耳不聞的腐儒精神。雖然筆者在多本書中屢次提及避禍的方法與控制災禍的時間問題。現在，筆者再次以綜合性，專門探討的方式來探究人生中的劫難。讓大家隨時能瞭解自己生命中潛在的危機，而加以防範。

在每個人的命格中，命盤裡都有擎羊、陀羅、火星、鈴星、劫空、殺、破、狼等煞星。煞星遇到吉星制化時，災禍較小。煞星無制，災禍較大。因此可以說每個人在一生中都會遇到大大小小的災難，熟輕熟重而已。災難既然發生率是如此的頻仍，豈可不予重視呢？況且有些災難直接傷害到生命的存活，又豈可抱以輕心呢？

故而在你憂喜、憂財、憂旺運之時，這本『安全自保守冊』更應該隨侍你的左右，隨時提醒及幫助你趨吉避凶，幫助你創造出更高超、更完美的人生格局出來！

法雲居士謹記

紫微 安全自保 SUPER 手冊

命理生活叢書08

目錄

前言

前言

這本『安全自保手冊』之所以誕生，並不是要在這個紛亂的時刻恐嚇你！威脅你！讓你對生活中的災禍產生莫名的恐懼。讓你對未知的前途憂心。而是想藉用命理的角度分析生活中不悅與不順遂的事情給你聽。另一方面也幫助你瞭解生命中，各類以時間的交叉點所擦出火花的吉與凶。

很多人說『命理學』是迷信。不管你信也好，不信也好，災禍是發生在命運中的每一個關節點上。有人從災禍中而學到了智慧，有些人則因災禍而永遠沒法子重新來過。你想選擇那一種呢？

你是不是能擁有超越災禍更多的智慧呢？

中藥向來是一種溫和漸進的藥材，許許多多不同的組合，而能治癒更多不同的病症。與西藥相較起來，它更有『沒有副作用』的優質條件。

命理學與中藥有許多相似點，『沒有副作用』，更是優質條件中的姣姣者。你總沒有聽說過因為躲避過災禍而有不歡喜愉悅的吧！

命理學與中藥的另一個相似點，就是『溫補』、『涼補』的作用。命理學講究中庸、調治的功能，用五行生剋的原理，將人類的命與運，氣與神調配至剛柔並濟，恰到好處之地。氣定神閒，運氣自然順暢。官運、財運、好事連連，災禍自然遠離。這就是溫補、涼補的作用了。凡事都有次序與節奏，稍快也不行！稍慢也不行！

現代的人講求急功好利，要改運最好一日就成。而真正要教你一日就成的學問，你卻也不一定要學。一個人若能躲過一生中大小的災禍，這個人能算不好運嗎？你真的非要等到大難不死，而享後福嗎？我想天下並沒有這種『大智若愚』的人吧！

這本『安全自保手冊』就是教你一日就能改運的手冊，能逃過一生中大小劫數的人，豈不是和大難不死的人同樣是後福無窮的？你將會多出更多的時間去追求名利和錢財。這個好運，就像中藥的溫補、涼補一樣的是沁人身心的舒暢感覺。

命理學和中藥還有一個類似點，就是必須持之以恆，倘若你因現在看書，記得逃過了這一劫，而以後看過了又忘記再注意災禍發生的時間交集點而遇上，這如同你從來沒有學過這一招一樣。因為相同的災禍、大大小小、總是重複的上演著。僻如易受傷的總是受傷，易遇到車禍的總是發生車禍。易有火厄的人，總是遇到火災。而不知將會在那一個節骨眼上，劃下了休止符。

這個以命理學來預測災禍的防治理論，是經過數千年來的蒐集搜證而成的。而我只是個解讀者。倘若你對自己一生的安全關心，趕快對自己的生命歷程進行溫補、涼補吧！此刻最重要的一件事，就是打開正文的第一頁……

PART－1

具有車禍發生率高的人類族群

具有車禍發生率高的人類族群

台灣是世界上車禍發生率極高的國家，已是不爭的事實。車禍的發生其原因有些是由於自身的不小心，有些則是飛來橫禍，或是遭到魚池之殃等等的狀況。也有利用假車禍來詐財的。不管你是遇到那一種狀況，受傷流血、破財遭災、是非訴訟，都是讓人心情惡劣，在心理上和生理上受到雙重的傷害。某些重大的車禍，造成數條人命的損毀，更會影響到家庭的生計與幸福。

根據政府每年公佈的車禍數字，大約五、六千件，其實真正的車禍發生數據，應不止此數的五倍、十倍。影響到的家庭成員也應該在一、二十萬人之多。想想看！這是多麼可怕的一件事啊！因此我覺得有必要在此，以紫微命理這種『邏輯性、歸納性、概率性』的預知方式，給予讀者做必要性的提醒。

到底那些人容易發生車禍，有血光之災呢？

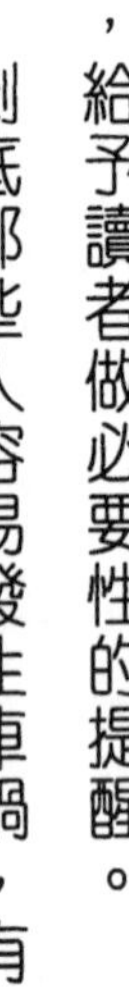

1. 命宮中有四煞的人，如擎羊、陀羅、火星、鈴星的人，容易遇到車禍。

尤其是有擎羊、陀羅坐命宮的人，幼時即破相有災，手腳骨曾折斷等的傷害。陀羅入命的人，有牙齒受傷等的問題。一生中大、小受傷無數。

有火星、鈴星在命宮的人，如遭車禍，還會兼有被燒傷、燙傷的可能。

倘若擎羊、陀羅、火星、鈴星居陷位，再加上大限、流年、流月三重逢合，會有因車禍喪生的可能。此等以擎羊、陀羅三重逢合時最準。

2. 命盤三合處有『廉殺羊』、『廉殺陀』格局的人，也容易發

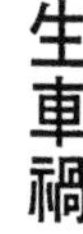
生車禍。

『廉殺羊』、『廉殺陀』的格局在古代命理中被解釋成：路上埋屍、死於外道。在現代仍是一樣，因車禍的發生頻率高，因此又多了一種危難的機率。這種格局也會應驗在飛機事故、車輛、海難等事故上，遇之非常的嚴重。尤其是在大限、流年、流月三重逢合之時，性命難保。因此凡有此命格的人皆要注意精算流年、流月，與以預防。

最好的方法是再算出流月、流日。並以『廉殺羊』、『廉殺陀』所在的宮位，斷定其發生的時刻。例如在丑、未宮對照，則為丑時（夜一時至三時）、未時（下午一時至三時）。在辰、戌宮對照的，則為辰時（早上七時至九時）、戌時（晚上七時至九時）。

在具有『廉殺羊』、『廉殺陀』格局的人當中，又以廉貞、七殺坐命的人，有羊陀同宮，和在對宮相照的人，遇到車禍最為凶厄，也最容易因車禍喪生。也就是說：丁年、己年、丑年生的人有擎羊星在命宮或對宮，形成『廉殺羊』格局。而甲年、庚年生的人有陀羅星在命宮或對宮，會形成『廉殺陀』格局，最要注意！

此外廉府坐命的人，因對宮是七殺，乙年、辛年生的人易形成『廉殺羊』格局。丙年、戊年、壬年生的人，會形成『廉殺陀』格局。也是必須萬分小心才是！

再則，凡是具有『紫微在子』、『紫微在卯』、『紫微在午』、『紫微在酉』命盤格局的人，都是會發生嚴重車禍的族群，且有對生命形成戕害的可能。

3. 有破軍星居命宮的人，易破相受傷及發生車禍。更以破軍陷落時最爲嚴重。

破軍本主爭戰與破耗。在我們現實生活裡，破軍坐命的人是很會為生活及工作打拚的人，但是一生中身體與金錢上的損耗也很多。

我有一個朋友，命宮是破軍陷落，當破軍陷落時，其羊刃（擎羊星）也是陷落的。他每隔三、五年便發生一次重大的車禍。不是自己受傷住院，便是賠上一、兩百萬元的賠償金。破軍陷落的人一生財運也不太好，差不多賺得可買一間小房子的錢的時候，不是賠償給別人了，就是自己住院花掉了，於是到了四十歲依然未婚，住在父母的家裡，沒法子自立。

破軍坐命的人懷疑心重，不太接受別人的勸告。於是車禍的問題再而三的發生，還好目前的大運尚好，若走到弱運時，生命是堪慮的。

4. 有『巨逢四殺』惡格局的人，也是車禍頻仍，或因車禍喪生的族群。

巨門星為暗曜，亦稱『隔角煞』在命盤中的三合地帶，或左右相夾，或四方照守有羊、陀、火、鈴等星時稱之『巨逢四煞』。倘若巨門居陷（在辰、戌、丑、未宮），又有七殺、破軍二星在上述的方位同住。這車禍的問題將成為死局。

5. 當流年、流月中有地劫、天空二星，而四方三合地帶有擎羊、陀羅照守時，都容易有車禍血光的發生。

6. 當流年、流月中爲天機星陷落時（在丑、未宮），再有擎羊、陀羅來會照的時候，也容易發生車禍血光。

7. 當破軍星與文昌、文曲同宮於疾厄宮時，其人的身體很差，也易因車禍受傷。

8. 當流年、流月有化忌星時，最忌『羊陀夾忌』或有擎羊來會。小則車禍傷身流血，大則有生命之憂。

倘若化忌星照會的是陀羅星，倒不一定是本身車禍受傷。也有可能是撞及他人而引起訴訟官司。由其是巨門化忌遇陀羅星在流年、流月逢合時最準。

9. 每一個人，每年、每月中，行經『擎羊』這顆星所在宮位的流月、流日時，都應小心，擎羊爲羊刃，易發生大、小血光，

車禍也是原因之一。

因此觀看車禍發生的時日，主要也是以**擎羊星**所在的宮位為主。

10. 有陰煞在命局中的遷移宮裡時，出外應小心開車、走路，會因精神無法集中而發生車禍。

通常車禍的發生，在紫微命盤中都是可以預見的。至於會不會喪命，則要看其大限與流年、流月是否三重逢到**煞星及擎羊**這顆關鍵的星，才能斷定的。

從命理的角度來看，水年（亥、子年）天災、人禍較多。火年（巳、午年）以人禍較多。以車禍的頻率來看，亥、子年都比其他的年份多，尤其以亥年（豬年）為最。主要是亥年有天狗、伏屍歲星，因此亥年時因交通事故死亡的人數也最多。子年則次之。

火年則是與火災災禍相關的事故死亡的人數較多。以年命干支納音法來看這個定律，也會得到相同的解釋。

在一天中車禍的發生時間上，也以亥時為最多，也就是晚間九時至十一時的時刻。這也是天狗星與伏屍星作怪的時刻。這是一個概略的說法。通常在白天裡或其他時間所發生的車禍，則是以其人命盤中**羊刃**所在的時刻為主的。

倘若八字中水多的人，是千萬要留心這個**亥時**、**子時**的時間，在有**羊刃**、**化忌**的流月裡，不要開車，或減少在晚間九時以後在街上閒蕩行走，以免遭遇車禍。

PART－2

容易犯陰煞的人類族群

容易犯陰煞的人類族群

長久以來，我們常聽到、看到一些靈異的事情。雖然是『子不語，怪、力、亂、神。』但是一些民間信仰卻深入我們的生活之中。天地之間，也卻有一些事物目前還不為我們瞭解，也無法得到合理的解釋，故而姑且信其有較好，以待將來或許會有合理的解釋。

通常鬼神之說，都是發生在第三度空間裡的事情。一般認為八字較輕的人，易犯煞遇鬼。

從紫微命理的方向來看，會犯煞遇鬼的人還真不少呢！例如：

1. **太陰坐命的人，易犯煞遇鬼。**因太陰是月亮，屬陰，陰氣較重。太陰陷落時更甚。太陰與文曲同宮坐命的人，尤其是在卯宮的人，因太陰處於陷落的位置，陰氣是非常重的。

陰曲坐命卯宮的人，多半會從事算命的工作，較會得到『靈動』的感應，算命算得很準。但是也因為與陰間的溝通太多，會產生福壽、身體上的缺陷，一生中的財運也不太好，財來財去，有始終在貧窮邊緣打轉的狀況。

太陰化忌居陷坐命的人，也容易被鬼纏身，終生煩擾。

2. **有陰煞星坐命宮或在對宮相照的人，較易犯煞遇鬼。**陰煞星是陰間的小鬼，小鬼難纏。因此有陰煞星在命宮的人，容易看到鬼，也容易犯小人。小人總是躲在陰暗處暗算，在流年、流月中遇到，人生在運程上，總是被小人暗害絆跤。

陰煞在命宮對宮的遷移宮對照時，會在外面遇鬼，或是會在外面遇小人。這也是需要萬分小心的事，不要把鬼引回家裡面來了！造成自己家裡面的家宅不寧。

有陰煞星在命宮的人，成年後最好到寺廟中拜佛參禪，求取福報。但是未成年的人，由其是嬰、幼童未起命的年歲，最不可至寺廟、墳墓、陰氣重的山林、水邊走動。以防犯煞遭劫。

起命年歲

所謂起命的年歲，是以命盤格局中，水二局是以兩歲開始起命。木三局是以三歲開始起命。金四局是以四歲開始起命。土五局是以五歲開始起命。火六局是六歲開始起命。

嬰兒以母命爲命

普通幼童起命前，皆是以母親的命及運為『命與運』。母親的命強、運強，孩童的命也強、運也強，身體較強壯好養。母親的命弱、運弱，孩童的身體也較差多病、不好養。

我們常可以看到某一個小孩，兩歲起命後，即聰穎活潑、學習能力也強，說話、走路都快，這就是命盤局數是水二局的小孩。某一個小孩至五、六歲都還是迷迷糊糊的，學習能力慢，這就是尚未起命的小孩。要至起命的年歲以後，會漸入佳境。

未起命不得入陰地、陰廟

我主張有陰煞在命宮或對宮的人，在未成年之前不要入廟或至陰地的理由，主要是因為有陰煞坐命或對照的人，在第一個大運行運的年歲裡，走的正是逢陰煞會遇鬼的運程。每一個人都是從命宮起運的，因此不管是水二局的人，2歲至11歲。木三局的人，3歲至12歲。金四局的人，4歲至13歲。土五局的人，5歲至14歲。火六局的人，6歲至15歲。都是在走陰煞的運程，容易犯煞。綜合言之，未成年之前不入廟宇、陰地最好。

歌仔戲團明華園主與藝人孫翠鳳之子即為陰煞坐命宮，為家人帶入陰廟，未及週歲、犯煞而亡。因此為人父母者，寧可信其有，不可信其無。

鬼月鬼門生人易犯煞

通常一月、七月出生的人，較易犯陰煞，主要是因為七月為鬼月，而一月為寅月，而寅宮又為『鬼門』之故。

每一個人的命盤中都有陰煞星，當陰煞星在命宮、福德宮、疾厄宮的時候，最不宜管陰事或參與寺廟活動。也不宜隨便去醫院探病。尤其在流年、流月逢到陰煞星當值的時候，更不可至陰廟拜拜，或至墳區走動，否則犯煞遇鬼，後悔莫及。

陰煞在田，家中招鬼

凡有陰煞在田宅宮的人，家中容易招鬼，宜與陽氣重的人同住。或是多尋找紫微、太陽、七殺、破軍、廉貞、武曲等星居廟旺在命宮的人同住，可有制陰煞的功能。

3. 天梁坐命的人，本身就會有宗教狂熱。**當天梁陷落時，有劫空同宮，再有化忌星來沖照，容易犯煞。**

因天梁本主陰蔭，有貴人相助。但是天梁陷落時，得不到陰蔭與貴人。對宮的化忌星為天上忌妒之神。再有地劫、天空同臨命宮，不但容易犯煞，且易遭災。影響到生命的存活！

若是天梁加煞坐命的人，則是神煞混雜的人，他們是真正做乩童的好材料，很容易與陰間溝通。不過他們必須有正派的宗教信仰，

才不會走火入魔。

4. **命宮爲空宮的人**，本命比較弱，**若有地劫、天空入命，是容易犯煞的人**。若對宮的主星居陷位時，尤甚。他們的精神狀態多不穩定，靈感浮動得很快，是『靈動感』很好的人，從事五術、命理、侍奉神佛都是很好的人選。若命宮中有劫空，再加陰煞，肯定是個常常見鬼的人，一生的精力也多消耗其中了。

5. **命宮是天機陷落加劫空的人，或是天機陷落加陰煞的人也易於犯煞遇鬼**。凡天機坐命的人，多鐵齒不信邪，上述這兩種命格的人也是一樣不信邪，於是一生和鬼神作戰而精疲力竭。只要常到寺廟中修行，可得到寧靜。

☆　☆　☆　☆　☆

犯陰煞遇鬼，或被鬼附身，通常是在人運氣最弱的時候發生的。至今未聽說遇鬼而大發的事情。因此我們平常為人就要有正派的宗教信仰、尊敬祖先，在固定的時間祭祀（如清明、除夕等節日），多做自我修持，少探陰事，少做邪魔鬼怪的想法，縱使遇鬼神陰煞，也可將其化為對自己有用的守護神。這就是『陰不剋陽』、『邪不勝正』的道理了。

PART－3

容易遭盜匪侵害的命格

容易遭盜匪侵害的命格

目前台灣社會治安日益敗壞，殘暴的匪徒殺人如宰割豬雞一般，毫無畏懼。雖然台灣的宗教觀有報應和輪迴之說，也無法教化這些凶惡的暴徒。因此我們每日從報紙、電視，各種媒體上得知許多的犯罪案件。每日的殺燒擄掠，從來沒有間斷過，有時一日更有數十件之多。而且暴徒的凶惡變態，狠毒無以後加，令人髮指。在這麼一個人人自危的時日裡，又處在這麼一個不安全的地方，許多人紛紛舉家移民出走。

倘若你是一個不想移民，或是因某種狀況無法移民的人，要怎樣在這危難的年月裡，在這危險的土地上生存呢？你一定很迫切的想知道，自己會不會那麼倒霉，成為匪徒砧板上的刀下俎呢？

其實想知道自己的前途如何？有沒有危險？並不難！紫微命理提供了這方面的資訊。現在將易遭歹徒侵害的命理格式試述於後。倘若你沒有這類格式，表示你很安全，以後也不會碰到這類的事件。倘若不幸，你擁有這類格式，你則務必要算出流年、流月出來，在該年、該月運行逢到時，好與以防範，儘量躲避盜匪的侵害。

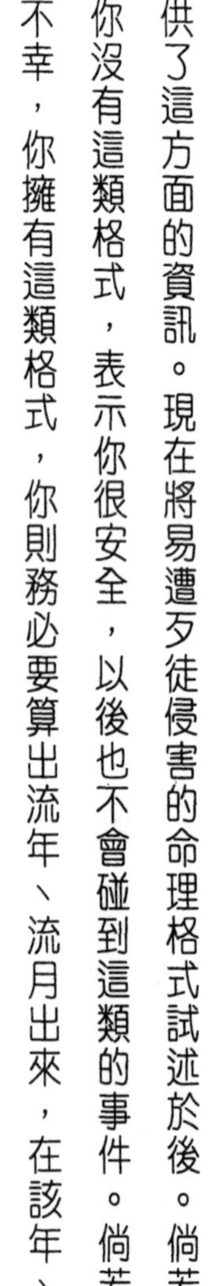

一般來說，易遭盜匪侵害者的命格都不強。命理上因為賊強我弱，因此被劫殺。或者因煞多無制，形成對本命的戕害。

例如：

1. 命宮爲空宮的人。通常命宮為空宮（無主星）的人，命格都不強。若對宮及三合、四合處再有煞星多重來會，當大運、流年、流月三重走到弱運時，會遭遇盜匪的侵害。

★如命宮中無甲級主星，卻有左輔或右弼星獨坐命宮的人，幼年多為他人養大，與親生父母的緣份較薄，再遇煞星（羊陀、火鈴、殺破、劫空、化忌等）來沖，或在三合、四方處沖照，必有災殃，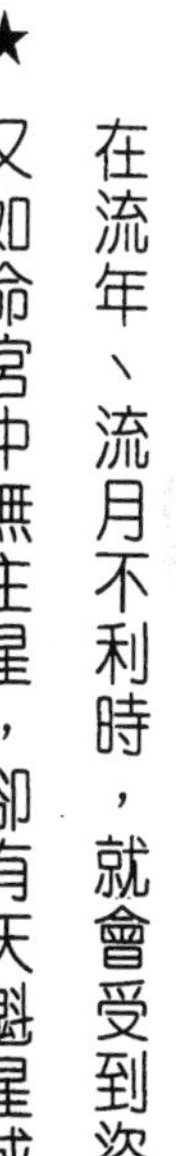在流年、流月不利時，就會受到盜匪的侵害了。

★又如命宮中無主星，卻有天魁星或天鉞星獨坐命宮的人，命也不算強，他們的長相秀麗、個性溫和。若對宮有煞星沖照，或在三合、四方處有煞星照守的人，也得小心防範弱運時的安全問題。

★再如命宮中無主星，卻有天空或地劫獨坐命宮的人，因為天空、地劫二星皆為上天空亡，入人之命宮為劫殺之神，凡事多所破耗、不利，有『命裡逢空』、『命裡逢劫』之稱，故也容易被匪徒侵害，須要小心。

2. **命宮中主星陷落而又有化忌星的人**。通常主星陷落時已為不吉。主星再遇化忌星，一生多是非糾纏不清，必有災禍降臨。

★如巨門陷落化忌坐命宮的人，一生是非纏身、頭腦不清、易聽信小人之言，無法做正確的判斷。災禍也總是纏繞著他。因此他們也很容易遭災，受到傷害。

也許你會覺得奇怪，為什麼我在這裡『易遭匪徒侵害的部份』談到了巨門化忌的人，在後面談到暴徒命理時又提到巨門化忌坐命的人。為什麼他們既是受害者又是施暴者呢？

主要是因為巨門星本來就是主是非爭鬥與口才。有化忌時，是非爭鬥的問題變得嚴重。而且巨門化忌坐命的人多不走正道。容易認同叛經離道的事情。當巨門主星落陷時，再有化忌，頭腦不清，隨波逐流。多因招惹是非而受災，再有煞星侵臨，成為被害人。

而巨門居旺宮，再有化忌星同宮者，巨門不畏化忌，愈亂愈好。命理較強，再有煞星照臨，助紂為虐，成為惡人，變成施暴者之故。

巨門化忌再遇『羊陀夾忌』的格局，定是死於非命的格局。

★如天機化忌坐命宮的人，天機若居陷地，再有空劫同宮，亦再有『羊陀夾忌』的格局，如藝人湛蓉命造者，亦會因盜賊的侵入而死於非命。

★如廉貪陷落加化忌入命宮的人。因廉貞、貪狼同宮，必在巳、亥宮，雙星俱陷落，已為不吉。不管是廉貞化忌亦或是貪狼化忌，都是多重災害，此人一生貧賤，若四方、三合地帶的煞星多，必為匪徒，也容易死於非命。若是有地劫、天空同宮或相照，或有『羊陀夾忌』的格局，也就會成為受害者。此狀況與巨門化忌者同。

★如命盤中有太陽陷落化忌的人，再有『羊陀夾忌』的格局，在流年、流月、流時逢到，也易遭歹徒的侵害（後面有陳小弟弟的例子）。

★如命盤中有太陰陷落化忌的人，再有『羊陀夾忌』的格局，在流年、流月、流時三重逢合，也要小心歹徒的侵害。

3. 命宮中帶『咸池陽刃』的人，也是易受歹徒侵害的對象。不論男女，如甲戌年生的人，見八字中，月柱、日柱、日柱上有『卯』字。或是庚申年生的人，亦或是庚辰年生的人，見八字中，月柱、日柱、時柱上有『酉』字，稱為『咸池陽刃』。有『咸池陽刃』的人多美貌、聰明好學、身體較弱，易為歹徒覬覦。有『咸池陽刃』的人最忌見水。因此在行運時，不論是大運、流年、流月，逢到癸酉，或是亥、子水的流年、流月都要小心，以防碰到歹徒傷害的災禍，藝人白冰冰的女兒，白曉燕撕票案即為庚申年生的人，形成的『咸池陽刃』。

4. 整個命盤裡有形成『廉殺羊』、『廉殺陀』格局的人，要小心歹徒的侵害，被歹徒所傷。

讀者也許會奇怪，『廉殺羊』、『廉殺陀』的格局不是屬於『死於外道，路上埋屍』的格局嗎？為什麼又會出現在這裡呢？一點也不奇怪！某些擄人勒贖人的案件，暴徒定是將人擄去他處犯案，傷害人的性命，因此『廉殺羊』、『廉殺陀』也在此易遭歹徒侵害類別裡。

☆　☆　☆　☆　☆

舉例說明：

一、陳小弟弟於一九八四年甲子年出生，是廉貞化祿、天相坐命的人，命宮中尚有天空星。為『命裡逢空』，雖權祿照守也無救。其財帛宮為紫微、天府、祿存。疾厄宮是天機陷落、陀羅星。由此可見是個財多身弱的人。本身又有『武貪格』的暴發運。命不能說不說好了。可是在亥年運行太陽居陷化忌，三合處又有太陰陷落、

陳小弟弟　命盤

兄弟宮 巨門 文昌 己巳	命宮 廉貞化祿 天相 天空 5-14　庚午	父母宮 天梁 火星 天鉞 辛未	福德宮 七殺 壬申
夫妻宮 貪狼 地劫 〈身宮〉　戊辰	陽男 甲子 乙亥 己亥 己巳 土五局		田宅宮 天同 文曲 癸酉
子女宮 太陰 擎羊 鈴星 丁卯			官祿宮 武曲化科 甲戌
財帛宮 紫微 天府 祿存 丙寅	疾厄宮 天機 陀羅 天魁 丁丑	遷移宮 破軍化權 丙子	僕役宮 太陽化忌 亥年遇難　己亥

擎羊、鈴星、火星來沖照。不但有化忌星又遇煞。流年福德宮又為天機陷落加陀羅，福不全。亥年遇歹人殺害，才十二歲。

二、電視演員湛蓉的命格中有三種惡格局。

首先她的命宮中之坐星有天機化忌、祿存、天空、地劫等星。是為『羊陀夾忌』與『半空折翅』兩種格局的合局。再則在十五歲至二十四歲的大運是『廉殺陀』的凶惡運程。三重逢煞，都是死局。故在82年5月遇劫難，在家中遭歹徒強暴勒斃，時年二十四歲，沒能進入下一個運程。

湛蓉 命盤

1-14

命宮	父母宮	福德宮	田宅宮
天機化忌 祿存 天空 地劫 天馬 〈身宮〉 丁巳	紫微 天刑 擎羊 戊午	天鉞 紅鸞 己未	破軍 火星 陰煞 庚申
兄弟宮 (15—24) 七殺 文昌 鈴星 陀羅 丙辰	土五局	陽女	官祿宮 咸池 辛酉
夫妻宮 太陽 天梁 乙卯			僕役宮 廉貞 天府 文曲 天姚 〈82年5月流月〉 壬戌
子女宮 武曲 天相 甲寅	財帛宮 天同 巨門 左輔 右弼化科 天魁 乙丑	疾厄宮 貪狼化祿 丙子	遷移宮 太陰化權 癸亥

PART－4

身體易遭傷殘的命格

身體易遭傷殘的命格

普通人身體有殘疾，分為先天性與後天性。

先天性的殘疾，即出生時即已有身體上的殘缺，或智能上的不足稱之。造成先天性殘疾的原因，多半是因為母體本身較弱，懷孕期又處在弱運的時刻。在命理學上認為凡是有先天性殘疾的人，在受胎時的時間上都是有煞星侵臨的時候所致。

紫微命理所行的是太陽曆的運程，胎中帶煞，與出生時的八字再相沖剋，人會有殘疾、夭折的可能。凡沖剋嚴重的會早夭。沖剋次之的會殘疾。因此往往夭折與殘疾之間僅僅一線之隔。僅看其沖剋會不會至死而已。

有些殘疾者，幼年困苦，（因家中出現殘疾子女，父母壓力大）

稍長，運行旺地，有貴人相扶（如遇父母慈愛仁德）也能有所成就。這就是要看各人的造化了。

有一位患有先天性腦性麻痺的黃姓女孩，顏面手腳都不方便，由於其母親的耐心與慈愛照顧，她也到美國拿到了繪畫藝術的碩士學位，即是一個感人的例子，母親便是她的貴人。

因此，殘疾者在幼年時期都是經過困苦的歲月，少年時期所經歷的運程，不是父母宮，就是兄弟宮，家庭親人對殘疾者的生長過程，負有重大的意義（其實每一個人也都是如此）。父母、兄弟佳者，會得到很大的助力，成就也高。父母、兄弟緣份薄的人，孤苦無依的境況也較持久。

☆　☆　☆　☆　☆

後天性的殘疾，多因時運不濟，運逢惡煞所致，這在命盤中也是預先可以看到推算出來的。

後天性殘疾的造成原因，有些是因為疾病（如糖尿病截肢、腦膜炎影響智力等等），工作上的傷害，（如被機器或高壓電壓傷）、車禍的傷害（四肢受傷或成為植物人等等）。有些也會因為人為的恩怨，如被歹徒所傷或黑道尋仇砍殺等的原因。

不管是什麼原因，後天性的殘疾，也可從命盤轉盤中的活盤裡看得到，也可以用流年、流月算出來。這就非常神奇了吧！

其實一點也不奇怪，例如桃園劉邦友官邸命案裡，唯一幸存的當事人鄧文昌，腦部受傷，即是走的是『廉殺年』的運程。前面說過，殘廢與夭折僅一線之隔，不死即殘，即為此證。

先天性的殘疾為『命弱』，為煞星沖剋所致。後天性的殘疾為『運弱』，再有三合四方處有煞星沖會，而造成。這是不一樣的命理結構。命不好，運好，先天性殘疾者，也會有數十年的春天。命好，運不好，浪裡行船波折多。後天性的殘疾者再怨嘆，還是要過日子的。

先天性殘疾的命格

1. 廉相子午宮坐命的人，有火、鈴沖破者，為殘疾之人。身上多長瘡瘤、潰爛、或腰足有傷。有羊陀沖照，則夭亡。

2. 廉殺在丑、未宮再加羊、陀、火、鈴同宮坐命的人，不是夭折命，就是有手足傷殘的問題。

3. 廉貪居陷在亥宮坐命者，再有羊陀或化忌同宮，亦主孤貧、殘疾之人。失明或無生育能力。

4. 太陰與四煞在卯同宮，因太陰為落陷。四煞為羊、陀、火、鈴，有先天性肢體殘障，且一生貧賤。

5. 天相在卯酉宮入命宮，為火星、鈴星沖破者，主先天性殘疾。因天相也為福星，在卯酉宮為陷落。福星落陷，再被煞星沖剋，為面部及手足傷殘。

6. 天相坐命在巳、亥宮的人，因其對宮有武曲、破軍，皆陷落為煞，再有火、鈴同沖破。亦主殘疾。手足及顏面傷殘。

7. 天梁在巳、亥宮入命的人，遇擎羊、火星為破局。早夭。

8. 天同、陀羅坐命宮在亥宮的人，肥胖目渺（眼睛為鬥雞眼或羊白眼，癸年生的人易得之）。

9. 天同、巨門在辰、戌宮坐命的人，身體會遭傷、目渺、耳聾。

10. 擎羊、陀羅、火星、鈴星四星同宮入命的人，腰駝背曲為羅鍋，殘疾之人。

11. 紫府同宮坐命於寅申宮的人，倘若幼年家庭沒有缺陷，必定身體有缺傷。（頭部腦神經或兔唇）

12. 太陽坐命在亥、子宮的人，為落陷，再有羊、陀、火、鈴、化忌同宮，若福德宮再不吉者，為失明瞎眼之人。

13. 太陽坐命在戌宮再加會凶殺之星的人，為帶疾延年的人。再有化忌星同宮，也為失明之人。

14. 武破坐命的人，命宮中再有羊、陀同宮，亦是殘疾之人，手足傷殘。

15. 巨門、火星坐命的人臉上有大顆異痣或大塊胎記。再有化忌星，臉部傷殘。

後天性會傷殘的命格

1. 巨門在子、午宮坐命的人，丙年、戊年、壬年生的人有羊刃在命宮，會夭折。若在三合處有多顆煞星湊殺，必遭火厄。重者夭亡，輕者為火灼傷。

2. 巨門在辰、戌宮入命者，若與火鈴同宮。逢惡限為『巨逢四殺』，會夭折。在三合處，有煞星湊殺者，亦會遭火厄。嚴重者，因火災而夭亡。輕者為火灼傷。

3. 天相在丑宮入命的人，有左輔、右弼同宮，再有羊、陀、火、鈴等星照會的人，有精神上的疾病。

4. 七殺坐命於陷地的人，或居於五行絕地，再會羊陀二星，幼年時即會夭折。若居五行生鄉（申宮）會羊陀二星，則為屠宰之人或主貧賤之人。

5. 七殺與擎羊、火星同宮，在流年上再遇白虎星，主刑戮災傷。

6. 七殺星坐命在子、午旺宮，再遇羊陀、火鈴沖照主夭折或陣亡。七殺不畏煞星、化忌星，但對宮有廉貞、化忌來沖照亦不喜歡，若疾厄宮再不吉，本身健康會有問題，成為帶疾延年的人。

7. 火星居陷地坐命的人，若再有左輔、右弼等同宮、或再有天空、地劫者同宮者。三合、四方處再有擎羊、陀羅、鈴星、化忌來沖照的人，會成為精神病的患者。

8. 破軍坐命在子、午宮的人。丙年、戊年、寅年、申年生的人，主孤單殘疾。或發富而夭亡。

9. 破軍坐命在辰、戌宮，又與火星、鈴星同宮的人，是個勞碌奔波，官非爭鬥嚴重的人。若運至羊刃、血光之地，兼有三度重合之際，會因爭鬥而傷殘。

10. 廉貞、擎羊、左輔同入命宮者，會因作盜賊遭傷成殘。廉貞、擎羊、右弼同入命宮者，亦會因作盜賊遭傷成殘。

11. 武相坐命在寅、申宮的人，若被火星、鈴星沖破，有殘疾的可能。身體、面部遭傷成殘。

12. 武殺坐命在酉宮，有煞星加會，或有化忌星同宮的人，主有心臟的毛病、腦神經系統的毛病、精神病、面部傷殘等。

13. 同陰子午宮坐命的人，若與擎羊同宮，身體會遭傷。

14. 廉破坐命與羊陀同宮的人，主殘疾。廉破與火鈴同宮的人，主勞祿是非、狼心狗肺。在四方三合處兼遇四殺時，因官非爭鬥厲害而有血光、殘疾之事發生。

☆　☆　☆　☆　☆

先天性殘疾的人，在命理上屬於『弱質』的成分，其母親在孕育的過程裡，也處於衰運的運程。但上天有好生之德，對於存活下來的生命，也定會給與哺育的養分，讓其存活。因此先天殘疾者，若逢父母親人情深義重的，也能改運，成為有用之人。但若父母、親人無德，便就相互拖累了。

十多年前，我曾為一位南部地區的鐵工廠老闆算命，當時他境況很差，經濟拮據。數月後生下一子。兩、三歲時至醫院檢查，斷定是智障兒。當時家中是一片憂戚。但是說的也奇怪，此子生下之後，鐵工廠的生意便有起色，一路昌旺。鐵工廠老闆的命格本身財運平平，也並沒有什麼暴發運。於是鐵工廠老闆將其三個兒子的命盤都拿來給我看。原來這個智障兒子的命盤格局裡有極強的偏財運，這就是我在另一本書《如何算出你的偏財運》中提到偏財運也可影響到家人和家運的原理了。

可惜的是這位鐵工廠的老闆，在財富漸積之後，卻害怕別人知道他有這個智障兒子，而將其送往他處寄養，當此智障兒子離開後，幾年一次的偏財運也不再照顧他們家了，後來此鐵工廠的老闆生意失敗，也不知其後的事了。

並不是我要用這個故事，來誘導為人父母者來疼愛殘障子女。父母對子女的疼愛本來就應該是天性使然，不該有賢愚之分，或功利主義的存在。上天要讓一個生命存活，必定有其原因，我們豈可違背天理而逆行呢？

社會上亦曾見有棄養子女，或施虐子女致死的父母，這種人的惡行，何止於殺燒擄掠的暴徒呢？這種毀滅人性的行為是必遭人神共憤！眾人唾棄的！

☆　☆　☆　☆　☆

如何算出發生傷殘事故的時間

要查看自己會發生傷殘事故的時間問題，首先要在前面的章節中找出自己是否是命裡已有傷殘玄機的人。其次再看自己是否有『廉殺羊』、『廉殺陀』的惡格局或其他的惡局。第三、要看每一個宮位的四方三合地帶是否有擎羊、陀羅、火星、鈴星、地劫、天空、化忌、七殺、破軍等數個煞星星曜多所聚集的地方。要一個宮位、一個宮位的來看，才不會漏掉。

會發生傷殘事故的宮位中，必有幾個特點：

1. 有流血、手足傷殘、斷骨、傷破者，宮位中必有擎羊星。

2. 火災受傷的宮位中，必有火星、鈴星。在火災中受傷流血、斷骨的也必有羊刃（擎羊星）。

3. 受傷後，麻煩官司持續仍有的，宮位中同宮或相照的星座裡必有廉貞、巨門、化忌、天刑等等。

4. 因鐵器所傷的，宮位中有擎羊、七殺等星。

5. 因跌破、摔破所受傷的，宮位中有破軍、擎羊星。

6. 在水中受傷的，宮位中會有太陰、破軍、文曲、擎羊等星。而太陰、破軍、文曲皆會居於陷位。

當你發現有這些不好的星組沖照某一個宮位時，例如是戌宮，有擎羊及其他煞星同宮，對宮或三合處形『廉殺羊』的格局，再以流年、流月的推算方式，算出戌宮是今年的幾月份。在該月小心防範，只要努力也可躲過一劫。

《流年、流月的算法，謹附於書後》

PART－5

婦女易遭強暴傷害的命格

婦女易遭強暴傷害的命格

這幾年來強暴案件日益增多，據報紙上所載，每年有一萬件以上的強暴案，每日有三十件以上婦女遭受強暴的案件，這是多麼可怕的一個數據啊！再沒幾年，台灣豈不淪陷陷在強暴犯的手裡了嗎？

社會上，司法界對於強暴案件的不重視，無非是覺得強暴案只是小案件罷了。而且司法審判的官員又都是男性，於是大事化小、小事化無。若沒死人，便也不了了之。

遭受強暴的女性，有些因為名譽的關係，或害怕再次受到報復，而隱忍不敢舉報，因此實際的強暴案件，可能更數倍於報載的數據。

現在我所討論的『婦女易遭強暴傷害的命格』，是要提醒妳，妳若有下列的狀況，千萬要小心，算出流年、流月，在該段時間中加以預防。而不是讓妳自怨自艾，覺得是命中註定的事情而放任它的發生。

近年有許多幾歲大的小女孩，也遭受到強暴犯的魔爪所戕害，這種傷天害理的變態獸行，社會公義與司法機關都不應輕易放過此類傷害幼苗的強暴犯。

易遭強暴的命理格局

1. 通常命宮為空宮的人，命理都不強，較容易受到煞星的侵臨，若命宮對宮相照的星曜又居陷落的位置時，此人一生的命程和運程都不太順利。在走到煞星多的運程時，在運程中又多有桃花煞星（沐浴、咸池）的沖會，會發生遭受強暴的事情。

例如命宮中有左輔星或右弼星（此為命宮為空宮的人，因左輔、右弼皆不是主星）的人，從小為他人帶大，倘若父母宮不吉者，更屬於命弱的人。在流年宮位裡出現天姚、羊刃、沐浴、咸池、火星、鈴星、陀羅等星時，在該流年、流月逢之會遭遇到強暴的事情。

2. 大限、流年、流月重逢到『羊陀夾忌』的格局，再有天姚、沐浴、紅鸞、咸池、天喜、廉貞、貪狼、七殺等桃花星與殺星交相照會與同宮時，桃花劫煞嚴重，可能因強暴而致死。

3. 女命有天相、文昌、文曲、天姚同宮的人，本身是邪桃花的命格，長相美麗、淫亂，容易遭遇強暴。（此人多從事風塵行業）

4. 女命太陰陷落時，又有昌曲、紅鸞、天姚、沐浴、咸池等桃花星來會照、同宮，再走七殺、破軍運時，會遭遇強暴的事情。

5. 女命為破軍、文昌、文曲皆陷落的人，再有桃花煞星同宮或相照者，易於遭受強暴的問題。

6. 女命為武破居巳、亥宮為陷落的人，再有桃花敗星和忌星又和沐浴、咸池等及天姚、紅鸞、羊陀、火鈴等同宮或相照者，為『桃花劫』，易遭強暴。

7. 女命為廉貪居巳、亥為陷落的人，再有桃花星多顆同宮或照臨者，易遭強暴。再有羊陀、火鈴、化忌、劫空等星同臨照會者，因劫殺而致死。

8. 八字裡形成『桃花煞』的命格時，也會遭到強暴的命運。

『桃花煞』局形成的格式是這樣的：

寅年（屬虎）、午年（屬馬）、戌年（屬狗）生的人，其八字上年柱的干支納音屬火時，再遇八字的月柱、日柱、時柱有『卯』字時

（就是有卯月、卯日、卯時的人），為有『桃花煞』。

例如丙寅年納音為爐中火，戊午年納音為天上火，甲戌年納音為山頭火等等。

此外還有：

巳年（蛇年）、酉年（雞年）、丑年（牛年）生的人，其年干支納音屬金時，其八字的月柱、日柱、時柱上見『午字』（即是有午月、午日、午時的人）為有『桃花煞』。

納音干支屬金的年份有辛巳年為白蠟金，癸酉年為劍鋒金、乙丑年為海中金等等。

申年（猴年）、子年（鼠年）、辰年（龍年）生的人，其年干支納音屬水時，再遇八字月柱、日柱、時柱上有『酉』字（即為有酉月、酉日、酉時的人），為有桃花煞。

納音干支屬水的年份有：如甲申年為井泉水，丙子年為澗下水，壬辰年為長流水等等。

亥年（豬年）、卯年（兔年）、未年（羊年）生的人，其年干支納音屬木時，再遇八字中之月柱、日柱、時柱上有『子』字。（即為有子月、子日、子時的人）為有桃花煞。

納音干支屬木的年份有：如己亥年為平地木，辛卯年為松柏木，癸未年為楊柳木等等。

本命中有『桃花煞』的人，比較容易遭到色情暴力的侵犯，但是小心防範，算出易出事的流年、流月來，在這段時間內，儘量減少外出，商請家人陪伴外出，不要給歹徒可趁之機，這也不一定能成為定律。

桃花煞中的「咸池陽刃」

在『桃花煞』中，『咸池陽刃』是更凶惡的格局了，受害者多半會因強暴致死，這是為不幸擁有此格局的人，不得不更加注意的事。『咸池陽刃』即為『咸池煞帶陽刃』的總稱。

咸池星為桃花星，又稱敗神，又稱『桃花煞』中之『咸池煞』。命宮中有咸池星的人，如坐旺宮都是聰明乖巧，美麗多才，術藝奇精的優秀份子。

咸池若加羊刃（陽刃），稱之為咸池陽刃。會因色情暴力的事件被害致死。女孩子要防，男孩子也要防範才好。

生年＼星曜	咸池
子	酉
丑	午
寅	卯
卯	子
辰	酉
巳	午
午	卯
未	子
申	酉
酉	午
戌	卯
亥	子

生年＼星曜	陽刃（羊刃）
甲	卯
乙	寅
丙	午
丁	巳
戊	午
己	巳
庚	酉
辛	申
壬	子
癸	亥

咸池陽刃的看法：

例如甲戌年生的人，其咸池在卯，而其月柱、日柱、時柱上有『卯』字，即帶咸池。而甲年生的人，其陽刃又在卯，統稱有『咸池陽刃』。其實是有雙煞的意思，故為大凶。

又如庚申年生的人與庚辰年生的人，其月柱、日柱、時柱上有『

酉』字，其納音雖為石榴木和白蠟金，其納音不屬水，也是稱為『咸池陽刃』。因為申、辰年的咸池都在酉。而庚年陽刃在酉之故。

咸池煞最忌見水。咸池陽刃也忌見水。例如申、子、辰年生的人，也忌見癸酉。或是亥、子年（屬豬、屬鼠）生的屬水的人，最忌見癸酉。見之不吉，為害最烈，會有傷身害命的事情發生。因此屬猴、屬鼠、屬龍、屬豬的人，一定要小心水年、水月、水日不可。

藝人白冰冰之女白曉燕即為庚申年咸池陽刃在酉，又逢丁丑年納音澗下水而遇害。此證。

9. 大限、流年、流月走到有『廉殺羊』、『廉殺陀』格局時，再有天姚、紅鸞、沐浴、咸池、貪狼、文曲等桃花星多來照會或同宮，也會遭遇桃花劫煞的問題，易遭強暴，且有性命之憂。

☆　☆　☆　☆　☆

呼籲婦女注意防範強暴傷害，我在多本書中都有提及，但真正的防治方法還是要靠自己的小心謹慎。這些問題應該從孩童時期的家庭教育做起。教導子女男女有別的觀念，互相尊重及重視自己的身體血肉之軀。也要重視別人的身體。真正的教育乃是要以身作則、身體力行的親身試範。

目前青少年的問題嚴重，這也是強暴犯猖獗的原因之一。究其根源，家庭的腐敗，漠視人倫禮法，錢慾橫流，道德觀念的淪喪，這原本是低層社會的現象，現已升至中上層社會，成為社會上普遍的亂象。社會公義也只是喊喊口號而已。很多父母把教育青少年的責任，丟給學校。這真是本末倒置的做法。自己一、兩個小孩都教不好了。學校四、五十個小孩要怎麼教呢？況且很多父母本身即是淫亂的禍首，想要『壞竹出好筍』真得癡笑了！因此，為人父母的人，真應該正視這個問題，好好的反省檢查自己的教育方針，不要害了自己，也害了別人才好！

PART－6

容易自殺的先天命格

沒搞錯！

容易自殺的先天命格

近年來因自殺身亡的人數節節高升。他們分別以不同的原因來結束自己的生命。某些青春期的學生，或因功課壓力，或因家庭問題而自殺了。前幾年，有兩位就讀北一女的資優同學，卻是以深入探討人生哲理而棄世。近來又有大安國中的女生，因玩普羅牌而跳樓自殺，結束了生命。

老年人多因久病纏身而厭世。也有某些人是為了金錢而自殺的。例如瑞芳一位礦工，因礦主惡性倒閉，不發放積欠的工資，僅為了區區八萬元而自殺，揚言給老闆好看。

另一位自殺得轟轟烈烈的人，就是前因周轉不靈而倒閉，債務纏身，歐洲傑仕堡的黃姓老闆，在美國居所，先殺死母親、妻子再自殺的事件。

這些人在走向自我毀滅的時候，到底他們的精神狀態，中心思想是如何運轉的呢？到底當時他們心中在想些什麼？這是外人所不能瞭解，而急於想知道的事情。

倘若您想瞭解這個問題，就必須從當事人的個性來著手。個性是主導一切事務的原動力與處事方法。個性也是主掌命運的舵手。

從紫微斗數中，在人的命格裡，很容易便可體查出這個人有『自殺的傾向』。

要如何從命盤中找出有『自殺傾向』的人呢？請聽我細細道來：

有自殺傾向的人分為多種狀況，有一種是自殺多次，最後成功了。這種人多半精神狀態已長期的抑鬱不佳，兼而有妄想症。他覺得另一個世界比較好，比較沒有煩惱，可以一勞永逸，倒也清靜。這些人多半是為情自殺，屬於感情用事的成份較多。以女子或久病的老人為多。

另一種是憤而自殺，例如學生不滿師長或父母而自殺。或者是因債務問題不能解決而自殺。還有一種因自身的清譽受損而憤而自殺的。多年前，有一位法官，因涉及包庇貪黷案件，自覺名譽受損而自殺。

由於自殺的原因不同，我們在觀看命格格局時，就有不同的看法了。對於自殺多次而成功的人，精神長期抑鬱，我們將之歸為一類。憤而自殺的人，因是突發事件，命格中在流年、流月中逢煞星侵害而形成，我們將之歸為另一類。

長期抑鬱而自殺的命格

長期抑鬱而自殺的命格，其實早潛伏在本命的命格裡，只是不為人知而已，到了弱運的時間，便多次尋求解決生命之道。讓家人朋友緊張煩悶，自殺多次也沒死，於是家人朋友煩不勝煩的鬆弛下來，最後一次他就自殺成功了。

凡是有此種事件命格的人都有一個特性：

1. 其人命宮屬於辰、戌、丑、未四墓宮的人，此四宮也為四刑之地。辰、戌宮為『天羅地網』宮，個性難以伸展開朗、凡事有受困的感覺，若再有太陽、太陰、七殺、貪狼等動感十足的星座坐命於此，一生在嚐試突破困境之舉，而無法克制。心中的煩悶無法得到舒解，他們也不願向他人訴說求救，這也是孤獨的原因。

2. 命宮中有擎羊星與陀羅星的人。命宮中有羊刃（擎羊）即是產生自刑的人，個性上有抑鬱，愛多想，有時會自我怨恨，錯怪自己的人。

命宮中有陀羅星的人，個性陰沈，不多話，常有邪惡的念頭，有時也會產生報復的措施而自殺。

★太陽加羊刃坐命宮的人，尤其是太陽陷落時，其人因太陽光芒晦暗，喜歡躲在人後，不敢面對事實，又加羊刃，是容易自殺的人類。

★太陰加羊刃坐命宮的人，尤其是太陰陷落時更準。太陰坐命的人，本身就是多愁善感，個性不算開朗。太陰陷落時，再加羊刃，更是會胡思亂想，曲解了人生的意義。自殺身亡的歌星于楓，就是太陰加羊刃坐命於戌宮的人。

3. 命宮處於子、午、卯、酉四宮的人，多因感情問題而自殺。主要是因為子、午、卯、酉宮為四敗地，為十二長生的沐浴所在之地，故也稱四桃花敗地之故。凡坐命於此四宮的人，多好交友、重感情。感情問題複雜。

尤其是卯、酉宮，更為桃花咸池之宮。坐命於卯、酉宮而又有羊陀同宮的人，更有為情自殺的傾向。

4. 命宮中有地劫、天空的人，一生遇事，多會有突然成泡影的問題，凡事不順利。再有羊刃同宮，在流年、流月，大運三重逢合時，會有想不開的念頭。

5. 命宮中有化忌星的人，一生是非糾纏不清，遇事有阻礙難行的困擾，個性上長期的不開朗。若再有羊陀來夾，形成『羊陀夾忌』的惡局，或羊陀與劫空來沖照命宮中的化忌星，則有走向自我毀滅的可能。

6. 命宮中有陰煞星的人，或陰煞在福德宮的人，常犯陰煞，也易犯小人。心中有鬼，易被其役使，容易走上自殺之路。

7. 廉破、火星坐命居於陷地的人，容易想不開，會上吊自殺，或投河自盡，若再有紅鸞同宮或相照者，會自焚。

8. 凡是命宮中有巨門、火星、羊刃的人，會厭世而自殺。或者是巨門、火星、羊刃在命盤中四方、三合之處照守的人，在大運、流年、流月三度逢合時，會突然自殺，以上吊或自焚、用瓦斯自裁者居多。

9. 天機陷落又有化忌坐命宮的人，是個神經質嚴重的人，再遇昌曲陷落同坐命宮，精神耗弱，疑神疑鬼，會突然跳樓或上吊，讓人防不勝防。

10. 紫相坐命，再有劫空、擎羊同宮的人，或是四殺在四方、三合地帶沖照的人，會有精神上的自我折磨，在流月、流年、大運三重逢合不如意的時候，以上吊、手槍自斃、瓦斯毒氣來結束生命。

11. 命宮是紫微，對宮是火星沖照。或是命宮是火星居陷，有四殺、劫空沖照。亦或是紫府坐命，有陀羅會照，此三種命格，再逢三合處有羊刃時，流年、流月、流日不利，易於跳樓自盡。

12. 命宮中有昌曲陷落的人，又逢『廉殺羊』、『廉殺陀』運程的人，也是神經質重的人，精神耗弱的問題嚴重，會跳樓、割腕、跳河自盡。

13. 有天刑在命宮，而主星化忌的人，為自我刑剋較重的人，三十歲以後會迷戀宗教。在流年、流月、大運三度重逢的日子裡，會因宗教信仰的問題而自殺。

14. 有武殺、武破坐命宮，再遇羊刃同宮或對照，三合之處又有煞星來會的人，會因財持刀，或因財務問題而自殺。其自殺的方式很壯烈。

憤而自殺的命格

凡是因氣憤而自殺的人，多半是想利用自己的死亡，給肇事起因的人一個警訊與教訓。這種狀況往往是突發性的一時興起的念頭，倘若冷靜下來，自殺的事件便不會發生了。但是在案發當時，又往往因為要自殺的人運氣已至最低弱的時候，又沒有貴人的幫助，而一命嗚呼了！凡是會憤而自殺的人，都有個性剛直、剛烈、固執、聽不進別人的勸告，也不願與人分擔憂愁、心事的人。

例如：

1. 破軍陷落坐命的人，再有羊陀、火鈴、空劫化忌來沖會，大運、流年、流月又再走到這些星組所形成的惡局時，他也會憤而自殺。

2. 廉破坐命的人，或廉殺坐命的人，再有羊陀、火鈴、劫空來沖照，他們會是個性陰險狡詐的人，喜歡暗地策劃，用自殺性的方式來加害他人。

因此廉破、廉殺坐命的人，再有多顆煞星沖照的話，容易從事游擊隊、敢死隊、黑道殺手的行業。

3. 紫破坐命的人、紫殺坐命的人，又有羊刃同宮或相照，四方三合地帶煞星又多的人，會用激烈殘忍的方式自殺，並連帶傷害他人。

4. 擎羊、陀羅單星坐命的人，都較陰毒，在對宮或四方三合地帶，再有火鈴、劫空、殺破、化忌等星沖照的人，在流年不利時會與人同歸於盡，或夾持人質，再同歸於盡。

5. 有機梁坐命，再有火鈴、羊陀同宮或相照的人。心術不正，自持聰明，不走正道，流年不利犯案或尋仇時，會與對方同歸於盡。

6. 本命中有擎羊、陀羅、火星、鈴星的人，其身宮又落夫妻宮的人，是個對男女情愛問題注重的人，常因愛生恨。若是夫妻宮不好，例如有破軍、七殺、巨門陷落、天刑等星，會因追不到女友，或因妻子或女友感情有變化，憤而殺之而後自殺。

7. 有巨、火、羊、化忌坐命的人，或有巨、火、羊、化忌運程的人，也會突然的因某事或某人憤而自殺。

以下是藝人于楓的命盤。

我們可以看到的是：于楓最壞的流年運程，應在亥年走廉貪陷落的時候，人際關係不好，財運也不好，外面的環境是火爆，不友善的。子年走得是巨門化祿、鈴星、右弼的運程，對宮有天機、文曲陷落化科來相照，這一年是非口舌很多，吵架有勝有敗，運氣是起伏不定的，但總比亥年好多了。有化祿，而且是巨門化祿，只要多動嘴也會有財進。

她的身宮落在官祿宮，官祿宮與夫妻宮是對照的，重事業的人也會重情愛。在流年、流月、流時三度逢合巨、鈴、陀、化忌等星而自殺。這也是太陰、擎羊坐命的人容易走的路。

于楓 命盤

疾厄宮	財帛宮	子女宮	夫妻宮
火星 癸巳	天機 文曲化科 天魁 甲午	紫微 破軍 天刑 乙未	文昌化忌 陀羅 台輔 丙申
遷移宮 太陽化權 壬辰	木三局	陰女 民國50年12月25日生	**兄弟宮** 天府 天空 祿存 丁酉
僕役宮 武曲 七殺 辛卯			**命宮** 太陰 擎羊 戊戌
官祿宮 天同 天梁 左輔 天馬 天鉞 紅鸞 孤辰 〈身宮〉 庚寅	**田宅宮** 天相 地劫 辛丑	**福德宮** 巨門化祿 鈴星 右弼 庚子	**父母宮** 廉貞 貪狼 天姚 己亥

《子年9月》

哼！賊來我走…

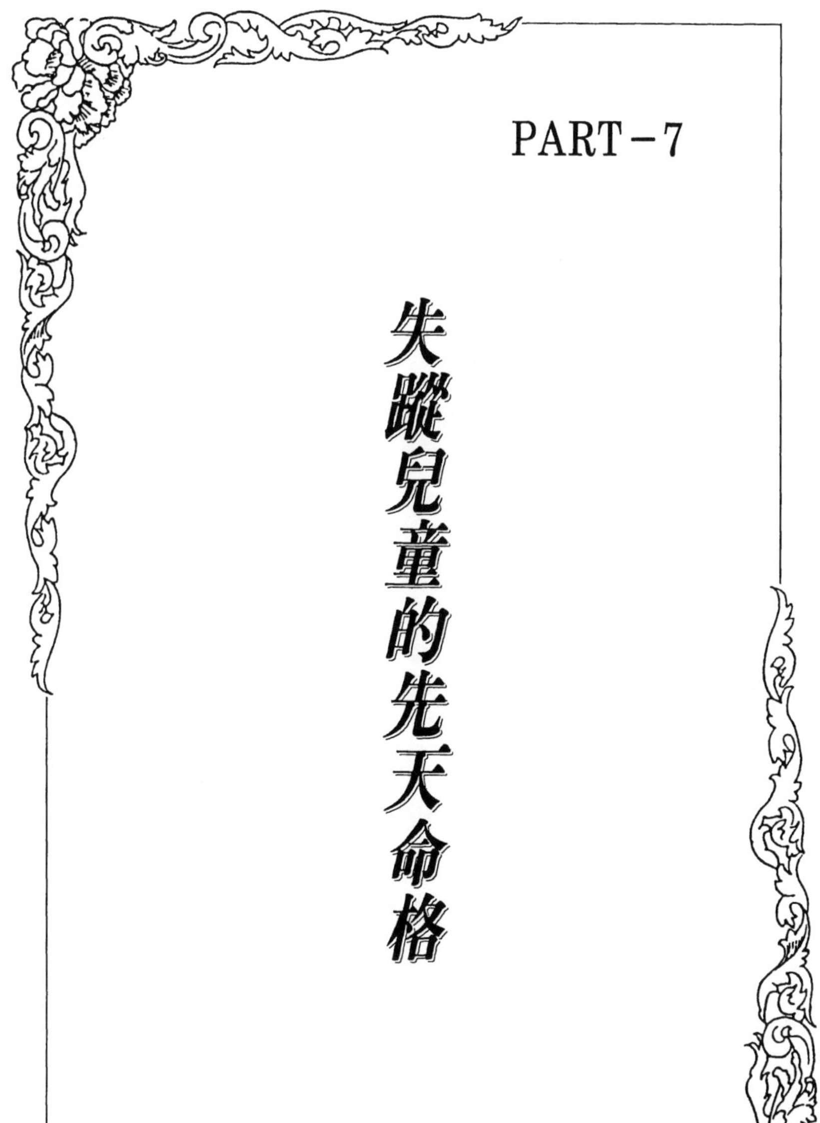

PART－7

失蹤兒童的先天命格

失蹤兒童的先天命格

社會上協尋失蹤兒童的工作繼續在進行，而失蹤兒童的數目卻持續在增加，看著新聞中痛哭無依的母親，我們不禁要問：『為什麼天下竟有這種拆散母子親情，喪心病狂的事情呢？』

在社會的黑暗角落裡，將人作物件、販賣人口的事，尤其是販賣孩童的案件，沒幾年就大爆一次，駭人聽聞。

在紫微命理裡，孩童在未起命前，都是隨父母的命和運的。通常孩童跟隨母親的照顧較多，因此孩童的命和運較依賴母親。倘若孩童交由他人代為撫養，則孩童的命程與運程則隨代養人（奶媽或祖母等）的命程與運程而起旺弱之分。故而許多人在選擇奶媽時要擇人肥胖高壯、氣色好、中氣足的人。這樣小孩子也會帶得健壯、帶得好。

因此我總是建議瘦弱、身體不好的母親，倒不如將小孩交與體健氣旺的奶媽代為撫養，這樣小孩的身體、運勢也會較好。

在紫微命理裡，水二局的人為二歲時開始起命起運。可以說自兩歲起，小孩開始有了命運。兩歲以前，他是懵懂沒有記憶的，混愕的過日子。兩歲後開始有記憶、學習能力突發猛進，進展十分可觀。據調查顯示，水二局二歲起命的人，及長到年老時，仍可記憶起小時二歲時的事情。有些人起命較晚，本三局的人，三歲開始起命，也在三歲時開始記憶。金四局的人，四歲開始起命，也由四歲開始有記憶。土五局的人，五歲開始起，也是五歲開始有記憶。火六局的人最晚，六歲開始起命，六歲才開始有記憶，也開始行自己的運程。孩童開始行自己的運程以後，吉凶自有定數，較不易受外來的干擾而被人帶走。

從命理的角度來看失蹤兒童的命格是這樣的：

1. **小孩尚未起命，父母的運氣正衰竭，小孩得不到貴人的幫助，而被壞人帶走。**這種情況在小孩起命起運後，他本身的處境，會因命宮的吉凶而作變化。也許會重入一個新家庭，也許會重入父母懷抱，端看他本身命宮和父母宮的好壞而定。

2. **孩童的命宮是空宮。**

當孩童的命宮是空宮（無主星）時，都是屬於弱命的孩子。在幼年生活中較辛苦。

倘若命宮中無主星，而有地劫、天空入宮的人，幼年時的運程便如浪裡行船，一波三折。再有煞星來沖照，或者沖照在父母宮的孩童，與父母無緣、容易被他人帶走。

3. **孩童的命宮是空宮，卻有左輔或右弼星單星獨坐的時候。**孩童多半被別人帶大，這裡包括了奶媽、祖父母、養父母等等的狀況。

左輔坐命或右弼坐命的小孩，也是屬於命理不強的小孩，在嬰兒及幼年時期、體弱不好帶。至下一個運程、十幾至二十歲的時候運程好的話，或是父母宮好的話，也能有舒服的日子過。倘若命宮對宮遷移宮的主星居旺加吉，照會本命宮。小孩的命程也會增強。並且亦會影響到一生的運程。

4. **孩童的命宮是巨門星陷落的人，再有煞星來會，而且父母宮不吉者，容易被別人帶走。**

巨門星是顆是非星，陷落時，是非尤烈。不但人自己本身愛惹是非，而且是非也易找上他。若巨門在辰、戌、丑、未四墓宮坐命的人，尤其是丁年生的人，容易被騙被拐帶。

5. **有紅艷煞的孩童，在流年不利時容易被壞人帶走。**有紅艷煞的小孩多長相美麗、人見人愛，也是被歹徒覬覦的對象。

紅艷煞的形成，凡是在生辰八字上，有天干『甲』字，見地支『午』字。

天干『乙』字見地支『申』字。天干『丙』字見地支『寅』字。
天干『丁』字見地支『未』字。天干『戊』字見地支『辰』字。
天干『庚』字見地支『戌』字。天干『辛』字見地支『酉』字。
天干『壬』字見地支『子』字。天干『癸』字見地支『申』字。
等為有紅艷煞的人。

也就是說，甲年生的人見日支、時支上有『午』字。乙年生的人，在日支、時支上有『申』字。丙年生的人，日支、時支上有『寅』字等等…以此類推，為有紅艷煞的人。

例如：

年干甲□	年干乙□	年干丙□
月干□□	月干□□	月干□□
日干□午	日干□申	日干□寅
時干□午	時干□申	時干□寅

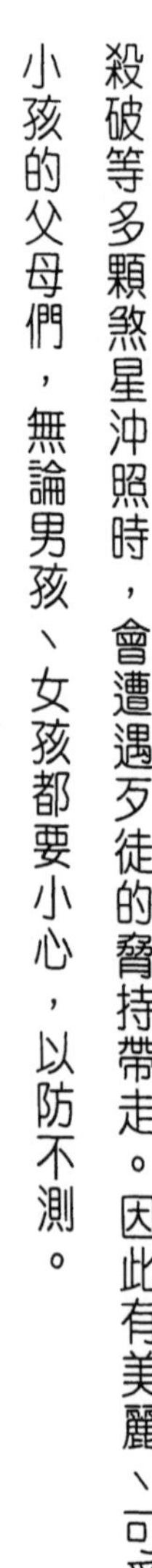

有紅艷煞的小孩，在流年、流月、流日羊陀、火鈴、劫空、化忌、殺破等多顆煞星沖照時，會遭遇歹徒的脅持帶走。因此有美麗、可愛小孩的父母們，無論男孩、女孩都要小心，以防不測。

6. 命宮是天同福星，而逢羊陀、火鈴、劫空、忌星多顆同宮或沖照的小孩，多是智能不全的智障者。也很容易被歹徒拐騙偷走。

7. 命宮是天相陷落在卯、酉宮的小孩，因長相不錯、個性溫和，對宮遷移宮是廉破，流年、流月、流日、流時不利時也會遺失。但是父母宮為天機、天梁，父母的智慧高有愛心，會將其尋獲。

8. 有化忌星在命宮的小孩，剛好流年、流月、流日又行運在本宮的宮位時，容易遺失。再有四方、三合地有位煞星沖照的人，可能有災，而找不回來。（此即命宮為『羊陀夾忌』的人）

9. 有陰煞星在命宮的小孩，不但容易犯煞，也容易犯小人，因幼兒時期正行運於本命，容易遺失被人帶走。

10. 太陰陷落又加化忌坐命的小孩，外表怯懦、秀麗，容易被凶惡的歹徒帶走，而不敢反抗。

倘若你家有上述命格的小孩，你可得多花些精神來專注照顧他們，以免造成遺憾。

本來幼小兒童的命運即掌握在父母的手中，父母命好、運好，小孩受惠不少。父母運氣差，做事常有疏失，也是造成孩童遺失的主要原因。因此為人父母的人，也要常常檢視自己的流年、流月，以及小孩的流年、流月運程，時時注意與以預防，當不致有災禍發生降臨。

☆ ☆ ☆ ☆ ☆

舉例一：

某位小妹妹生於80年10月14日。於85年3月16日在住家附近失蹤。

從命盤的格局來講，這位小妹妹的命宮中有天機、巨門、化祿、祿存、文昌化忌、天姚等星坐命於酉宮。

機巨坐命的人，原本很聰明，口才又好。有天姚星，長相可愛討喜。但是有化忌星在命宮的人，一生是非很多。命宮有化祿、化忌，祿忌相逢，作雙忌論論。而且具有文昌化忌於命宮的人，很會自作聰明。命宮中有祿存星，幼年不好養、多病。由其疾厄宮為破軍，顯示身體亦多病變。其呼吸系統、心臟都有毛病，皮膚也不好，有膿腫、濕疹等毛病。

這位小妹妹本命即有『羊陀夾忌』的惡格。而六歲起運時，大運正走在這個『羊陀夾忌』的格局上。子年流年的運程又逢七殺、左輔、地劫、咸池的運程，對宮雖有武府相照，但形成『因財被劫』的格局，

某小妹妹 命盤

財帛宮	子女宮	夫妻宮	兄弟宮
天同 天刑 癸巳	武曲 天府 甲午	太陽化權 太陰 乙未	貪狼 陀羅 紅鸞 天馬 丙申
疾厄宮 破軍 壬辰	陰女 辛未 戊戌 丁己 辛丑 火六局		**命宮** 天機 巨門化祿 祿存 文昌化忌 天姚 丁酉
遷移宮 沐浴 辛卯			**父母宮** 擎羊 火星 陰煞 天空 戊戌
僕役宮 廉貞 右弼 天鉞 天喜 庚寅	**官祿宮** 辛丑	**田宅宮** 七殺 左輔 地劫 咸池 庚子	**福德宮** 天梁 鈴星 己亥

對原命無以為救。

她的流月則是走天同、天刑的運氣。她在外面的遷移宮卻是天梁陷落、鈴星兩星坐鎮。沒有貴人而逢煞。而且流月之三合方亦為『羊陀夾忌』來照守，是為三重逢煞。這位小妹妹在當日失蹤時，並不會遇到什麼危難。只恐再度行運在『羊陀夾忌』三合重逢的運程，才會不利。

從子平八字的觀點來看這位小妹妹的命造是這樣的：辛未、戊戌、丁巳、辛丑。丁火生於九月，四柱多見比印食傷，為破格，主骨肉浮雲、六親如流水。

這位小妹妹若能逃過此劫，下一個大運運程走父母宮，亦是擎羊、火星、陰煞、天空，亦是不妙。一直要到四十六歲以後才會好。

舉例二：

另一位小弟弟生於82年9月20日。於85年8月20日在住家樓下失蹤。

這位小弟弟的命宮中有紫微、祿存、火星、陰煞等星。對宮亦有貪狼化忌及三顆很重的桃花星，紅鸞、沐浴、咸池等。由此可見，這位小弟弟在流年裡犯『咸池忌』。他在子年的人緣特別好，也是人見人愛，身體瘦弱的典型。命宮和子年流年犯雙重陰煞，多會小人，而且又是形成『羊陀夾忌』的格局。

紫微坐命，本是主好命與好運的，但是有火星等同宮，況且紫微也敵不過『羊陀夾忌』這個惡格。

這位小弟弟是金四局的人，四歲開始起運。大運剛好走在『羊陀夾忌』的格局上。流年（子年）也正走在『羊陀夾忌』上，流月則是走財帛宮武相、天姚、地劫，對宮有破軍化祿、天空來照會。這是一個劫空的月份。況且流月的三合處正照守著『羊陀夾忌』的格局。流日亦逢太陰陷落，化科無用，且對宮有天機陷落、陀羅等惡星幫忙，運氣實在不好，給歹徒可趁之機，將他帶走，而渺無音訊。這是四重逢煞的結果。倘若這位小弟弟能逃過此劫，也是要等到三十四歲以後才會轉運。

某小弟弟 命盤

僕役宮	遷移宮	疾厄宮	財帛宮
太陰化科 天鉞 丁巳	貪狼化忌 紅鸞 沐浴 咸池 戊午	天同 巨門化權 己未	武曲 天相 天姚 地劫 庚申
官祿宮 廉貞 天府 天刑 丙辰	癸酉 辛酉 甲辰 癸酉 金四局		**子女宮** 太陽 天梁 辛酉
田宅宮 右弼 天魁 乙卯			**夫妻宮** 七殺 壬戌
福德宮 破軍化祿 天空 甲寅	**父母宮** 擎羊 文昌 文曲 乙丑	**命宮** 紫微 祿存 火星 陰煞 甲子	**兄弟宮** 天機 陀羅 左輔 天馬 癸亥

鈴鈴鈴

婦女保護熱線 8成暴力侵害

她們哭 一天30通電話 她們問 如何防身如何離婚

記者唐福春／中興新村報導

彭婉如與白曉燕的遇害，使得台灣婦女人身安全浮上檯面，在母親節前夕，台灣省婦女保護熱線中心公布成立一個多月來成果，發現在受理的檢舉報案案件中，有八成受到身體上暴力侵害，近兩成來自精神心理暴力及性侵害，顯示婦女安全保障確實亮起紅燈。

台灣世界展望會社工督導胡婉雯指出，台灣省婦女保護熱線自3月31日成立以來，平均每天接獲30多通電話，在白曉燕命案發生後，打電話詢問婦女安全、如何防身電話則有明顯增加，迄今該熱線中心已接獲1257通諮詢電話，諮詢內容以離婚案件法律及權益問題、子女監護權最多。

台灣省婦女保護熱線中心過濾了所有諮詢電話，正式受理的舉發案件有324件，其中，屬於一般案件有312件、屬於緊急案件僅12件，以身體上受到暴力侵害最多，佔了80%，其次是精神心理暴力案件有15%，屬於暴力、性侵害行為者約有5%，施暴、施虐者以丈夫、親人最多。

該中心設立080-422-080免付費諮詢電話，婦女如有任何問題，歡迎隨時打電話來諮詢，不過，胡婉雯說，由於是免付費的電話，打電話來騷擾、聊天的人還是不少，徒增工作人員的困擾且增加行政經費負擔。

PART－8

家庭暴力問題的預防

家庭暴力問題的預防

家庭暴力的問題，其實範圍很廣。應該包括了夫妻問題、受虐兒童、受虐老人等的問題。現今小家庭較多，所以老人問題，我們移後再談。

據調查顯示，凡是夫妻間有問題的人，大多數是夫妻宮不好的人，而以夫妻宮內有巨門、破軍、廉貞、貪狼、七殺、擎羊、火星的人最愛吵架。而以夫妻宮中破軍、七殺、羊陀、鈴星的人會以武力相向，打架吵鬧。若是夫妻宮單星坐擎羊、陀羅、化忌、天刑的人，會以沈靜陰險的態度冷戰。

婚姻對於一個人的影響，其實遠勝過事業、金錢。婚姻不美滿的人，無論再怎麼灑脫，也終究是心中永遠的痛。也永遠是使情緒受傷的劊子手。因此我常勸年輕的朋友在結婚前，定要選擇個性、品德皆不錯的人，命宮主星為吉星居旺，且沒有煞星來會照的人，才與之結婚。

最近有許多演藝圈的女星，因去算命，而與未婚夫、男朋友分手的消息，許多人嗤之以鼻，笑談迷信。其實人多在有問題出現，而又無法痛下決心的時候去算命，命相師以五行相剋相生的道理加以解釋，最重要的決定還是屬於當事人的。別人是無法置喙的。

看到這些女星的決定，我覺得非常聰明與有智慧。發現有問題的婚姻，不需要再一腳踏入去趟渾水。對自己來說是確切實際的保護，沒有好的開始，當然也沒有好的未來。只不過多增加一個問題家庭而已，也毀了自己的一生。

在某些場合，我常會碰到一些年輕人問我：『老師，我會不會離婚？』甚至有些快結婚的人，也這麼問。

這個問題很有趣，會不會離婚？應該問你自己，你想如何經營你的婚姻，卻為什麼來問我呢？

大家都知道蘇格拉底的妻子是個悍婦，沒有德行，但卻成就了蘇格拉底這位大哲學家。由此可見蘇格拉底的夫妻宮是不好的了。而蘇格拉底之妻的夫妻宮卻很好，他們也沒有離婚，是不是很離奇呢？

現在，社會進步，大家對於自己的保護太過，對別人的要求較多，不肯自省、自我檢討自己個性、處事方法的缺失。夫妻為生命共同體。夫妻是影響你整個生命、事業、錢財（命、財、官為三合宮位）等整個生命歷程的關係人。你怎能不小心維護、戰戰兢兢、如履薄冰的善加扶持呢？

☆　☆　☆　☆　☆

目前社會亂象群起，追究其原因，也多半是由家庭問題所延伸出來的。現在讓我們看看會遇到家庭暴力的女性會具有那些夫妻格？

具有家庭暴力傾向的婦女命格

1. 夫妻宮中具有廉貞、七殺、破軍、武殺、武破、廉殺、廉破、廉貪、巨門、化忌、擎羊、陀羅、火星、鈴星（羊陀火鈴單星獨坐）的人，都擁有凶悍的配偶，在婚姻生活上不協調。容易吵架打架。

2. 女性的配偶命格為廉貞、七殺、破軍、武殺、武破、廉殺、廉破、廉貪、巨門、化忌、擎羊、陀羅、火星、鈴星、劫空的人，夫妻宮再不吉時，會有家庭暴力的問題。因為本身個性暴躁所致。

3. 女性的配偶的命宮雖為吉星，但四方三合地帶有多顆煞星來會的人，個性上也會凶狠、陰險。夫妻宮再不吉者，也會有暴力傾向。

4. 女性的夫妻宮有化忌星的人，終生與配偶糾纏不合。爭吵無寧日。

★有武曲化忌的人，為金錢而吵架、打架。

★有巨門化忌的人，配偶是個扭天別地古怪的人，常製造是非來爭吵。

★有太陽化忌的人，若太陽居旺宮，不畏化忌，只是配偶常煩悶。若太陽居陷地，配偶常以事業不順遂而與妻子吵鬧。

★有廉貞化忌的人，配偶常惹官非、麻煩，而做出不講理的事情來吵鬧。

★有貪狼化忌的人，配偶常好女色，犯淫禍而不知悔改，家中常吵鬧無寧日。（此女性本身也不規矩）

★有天機化忌的人，配偶太聰明多變，你無法跟上他的腳步節拍，而多生是非爭吵。

★有太陰化忌的人，若太陰在亥宮居旺，則不畏化忌。配偶只是不會和女性相處，而和你多生口角。若太陰居陷宮，再化忌，配偶財運不佳、太窮了。引起你們的口角爭吵。

★有文曲化忌的人，你的配偶很不會說話，說話很難聽，人緣也並不好，這是引起你們感情不睦的主要原因。

★有文昌化忌的人，你的配偶常不夠聰明、或許是聰明反被聰明誤的關係，幹些糊塗事，讓你不能原諒而發生爭吵。

5. 當流年、流月、流日的運程行逢流年夫妻宮、流月夫妻宮、流日夫妻宮，不吉的時候，容易與配偶爭執，倘若再是凶星、煞星多者，會有家庭暴力的事件發生。

家庭暴力的問題，多半是長期累積的問題不能獲得解決，或者是男性怯懦的本性，在事情無法自己控制時，而以武力做一個結束。女性為求自保，應儘量不要讓暴力行為有加諸自己身上的第一次。倘若第一次已經發生，也不能再讓其持續發生，成為慣性後，夫妻將不再有情份可言。目前社會上已對受虐婦女伸出援手，有一些機構能幫助婦女逃脫婚姻暴力的陰影，有需要的人可去請求協助。

☆　☆　☆　☆　☆

亥年將盡冬日裡的一個夜晚，我突然接到一個年輕女子的電話，她向我哭訴先生是如何的不好，常常無緣無故的打她。有一次竟然手臂也打斷了。情況真是可憐，也讓我義憤填膺。她請我幫忙算一下她的命，為什麼這麼苦呢？她想帶著兒子偷偷的到日本去朋友的餐廳裡打拼，要跟丈夫一刀兩斷，不知前途如何？當晚我們約定第二日下午在希爾頓飯店的咖啡座見面。

我花了一整夜的時間為她排了命盤，研究她的命格與心態。最絕的是，我一開始看命盤就發現她在說慌。因此，整夜只想著如何讓她說真話。

這個許小姐是天同化權、右弼在命宮坐命的人。天同在戌宮只是居平陷之地、福力不強。化權星也相對的沒有力量，天同居平陷坐命的人，主要喜玩耍為業，做事並不積極，每日忙碌的多是吃喝玩樂的事情。命宮對宮有巨門化忌、左輔來相照，是雙重是非顛倒的人。權忌相逢，以雙忌論，而且自以為是、頑固、霸道、不聽別人的意見，是其專有的個性。

而且巨門化忌在遷移宮，在外一切不順利，自己本身也喜歡製造是非、混亂來取樂。

我們再看其夫妻宮，其夫妻宮為文曲、天馬。對宮回照的星有天機化科、太陰化祿、鈴星等星曜。由這一組對照的星組中，我們可以知道許小姐的夫婿是個外表秀麗溫和、長相文質彬彬、口才很好的男子。有化科、化祿，工作上很有能力，也很會賺錢。雖然個性上有些急躁，但配偶坐機陰雙星的人，絕不會是個打老婆，還打斷手的人。

第二日午後，我在咖啡座裡，見到一位態度溫和、臉上有顆痣，眼睛有些微恙，眼珠分得較開，但不明顯的小姐。看到這些特徵，不禁令我心中莞爾。

當我向她說及並不相信她的先生會打斷她的手臂之後，她竟笑了起來，承認那只是隨便說說。以前手臂確實斷過，是自己出去玩跌斷的。

再則談及她的先生其實非常溫柔體貼，又很會賺錢，對她是言聽計從，雖然她的主意絕大多數都不算是什麼好主意，他也能勉為其難的聽從。

坐在對面的她竟然略舉雙手笑著說：『服了你了！竟然如此瞭解我們的相處方式！』

原來許小姐的夫婿比她小三歲，她高商畢業後即去做會計工作。先生才上高工一年級，為了與她在一起，轉到夜間部，白天去工作、半工半讀賺錢給她花。而她卻常常捉弄他，讓他哭笑不得。

有巨門化忌沖照命宮的人，原本就是愛搞是非混亂的人，卻偏偏有人愛她而甘之若飴。真是一個願打一個願挨了。

許小姐問子年過年時，要帶小孩去日本打工，問吉凶。我告訴她：『你原本是個享福的命，有人任勞任怨的賺給妳花，妳就不要再惹什麼名堂出來了！況且子年走太陽陷落的運程，而子年的一月，正是巨門化忌的流月，無喜恐有禍，萬萬小心才好！不然又捅出什麼事情出來，麻煩就大了！』

她聽了我的話，抿嘴笑笑，不知又有什麼主意了。

許小姐 命盤

疾厄宮	財帛宮	子女宮	夫妻宮
天相 陀羅 己巳	天梁 文昌 祿存 〈身宮〉 丙午	廉貞 七殺 擎羊 天空 丁未	文曲 天馬 戊申
遷移宮 巨門化忌 左輔 甲辰	金四局	陰女 民國56年次	**兄弟宮** 天刑 天鉞 己酉
僕役宮 紫微 貪狼 地劫 癸卯			**命宮** 天同化權 右弼 9-13 庚戌
官祿宮 天機化科 太陰化祿 鈴星 壬寅	**田宅宮** 天府 火星 天姚 癸丑	**福德宮** 太陽 咸池 24-33 壬子	**父母宮** 武曲 破軍 天魁 14-23 辛亥

☆ ☆ ☆ ☆ ☆

另一個故事，則令人無限唏噓了！

亥年時，有一個男子，自稱老婆無緣無故離家出走，想請我為其看看，老婆何時會回家？

在把這個長相並不溫和的男子的命盤排出後，我們看到一些端倪。

廖先生是廉殺坐命的人，身命同宮，是個個性剛烈的人，四方三合地帶又有巨門居陷、陀羅、武曲化忌、破軍、火星、貪狼等煞星來沖照，思想模式是一個剛烈、扭曲、霸道、頑固、重視自身利益的方式。

他的夫妻宮是天相、鈴星、右弼、天馬、天鉞，可見其妻相貌不錯，頗為美麗。但夫妻宮有武曲化忌、破軍、祿存等星來沖照，可見夫妻間的問題多是因『錢』而起。

廖先生自訴，與女家關係並不很好，但由其妻出面向妻姐、岳母等人借了幾佰萬元來做生意，生意失敗後，一直沒還清。老婆因認為他不可能還錢而棄小孩於不顧離開而返岳家。（你看！命盤上顯示的資訊可讓他清楚的招供）。

在亥年，廖先生的走的運程是武曲化忌、破軍、祿存的流年運程，而且這是一個『羊陀夾忌』的惡格。祿存也難解忌星。在這一年中，廖先生本身的運氣太差，賺不到錢，而且思想上也太偏激，有與石俱焚之念。

他告訴我，妻子走後，他將三個小孩送回鄉下，交與母親寄養，不給妻子見面。小孩因為很思念母親，終日哭鬧。有一次，當他回去看小孩，拿生活費給母親，準備開車回台北時，小孩哭著追出來，叫著要媽媽；他頭也不回的開車走了。小孩在後面追，接著，一輛車撞上來，將小孩壓在車下；他回台北後，接到母親的電話，要他再回去，說小孩傷重住院，很是危險。

聽到這樣的故事，真的讓人很難受。大人因為報復的心理，毀了孩子的一生。我極力的勸解他用溫和理智的方式來解決問題。一個男人帶養三個小孩很吃力，母親也年老了，心有餘而力不足。倒不如將子女交與其母，自己也好省些力氣。將來大家見了面，都會有溫暖美好的時刻。但是這廖先生非常頑固的決定，永遠不讓其妻見到小孩，真是令人打冷顫的一個決定啊！

我們可以看到廖先生子年的一個運氣，太陽、擎羊皆陷落。三合處再有巨門陷落來沖照，這是一個會以自殺收場的結局。萬一惡事成真，你想想，一個年老的阿婆帶著三個伶仃幼子，小孩子前途又會是怎樣的結果。廖先生的子女宮原本是巨門陷落。可見他並不重子女親情的關係，只是用子女來做傷害他人的籌碼罷了！真為這些人悲哀啊！

子年後，我並沒再得到此人的任何消息，因此不知所終。

廖先生　命盤

夫妻宮	兄弟宮	命宮	父母宮
天相 鈴星 右弼 天馬 天鉞 乙巳	天梁化祿 文曲 天姚 丙午	廉貞 七殺 〈身宮〉 丁未	文昌 戊申
子女宮 巨門 陰煞 甲辰	水二局	陽男	**福德宮** 左輔化科 天空 己酉
財帛宮 紫微化權 貪狼 火星 天魁 癸卯			**田宅宮** 天同 陀羅 庚戌
疾厄宮 天機 太陰 天刑 壬寅	**遷移宮** 天府 地劫 紅鸞 癸丑	**僕役宮** 太陽 擎羊 壬子	**官祿宮** 武曲化忌 破軍 祿存 辛亥

受虐兒童的先天命格

根據兒童福利聯盟的調查，每天有三個嬰兒被父母遺棄，而受虐兒童存在於各個角落之中，我們不禁要問：這些父母到底是怎麼當的？

而受虐兒童的施虐對象有百分之九十為其親生父母。多年前，有一對均為大學學歷的父母，將年僅數歲的幼兒打成重傷，送醫後為警方揭發。這些父母母是何其殘忍啊！

兒童真正的命運全仰賴父母的給予。兒童命好運好的人，父母慈愛，享受好，受到的教育較高，將來的成就也高。兒童命差運差的人，父母無緣，像仇人、生活辛苦，受不到好的照顧，成長過程靠自己。多自我教育，運氣好的，也能有成就。運氣不好的，與鼠輩橫行。

受虐兒童最可怕的自我教育方式，即是從受虐中學習到以武力攻擊別人的快感，成年後，而成為一個暴虐的人。

受虐兒童命格的共同點

受虐兒童命格的共同點有：

1. 命宮為空宮的兒童。命宮為空宮的小孩，本命不強，在幼年時，沒有主見，也沒有好運氣。根本是迷迷糊糊的在過日子。

★倘若命宮對宮有巨門星相對照，幼年是非較多、生活辛苦，若巨門又陷落，或是巨門化忌相照，真是問題是非又多，又惹人厭。若是父母宮再不好，幼年生活受虐的狀況嚴重。

★倘若命宮為空宮，無主星，卻有地劫、天空坐命的小孩。這類小孩很聰明，但不學正道，喜邪僻之事，調皮、捉弄人最在行，是為父母、師長最頭痛的小孩。流年不利，也會成為受虐兒童。尤其是流年父母宮不佳者更驗。

★命宮中無主星，卻有左輔或右弼星坐命的小孩。倘若在命宮四方三合處，有羊陀、火鈴、化忌、七殺、破軍等煞星來沖照，小孩的本命不強，因多由他人養大，或改姓他養。當有煞星來沖的時候，小孩本身的個性會隨環境的改變而有善惡。流年運氣也影響左輔、右弼的小孩，流年不佳時，也會成為受虐兒童。

2. 六親宮皆不佳的兒童。六親宮皆不佳的小孩，與家人、父母都是沒緣的人。再有多顆凶星沖照父母宮的人，受虐的對象是父母、師長。凶星沖照兄弟宮的人，則易遭兄弟、同學的虐待。

3. 有廉貞、七殺、破軍、擎羊、陀羅、火星、鈴星、化忌、劫空在父母宮的兒童，與父母相處不好，很難溝通。

4. 流年、流月、流日所運行流年父母宮、流月父母宮、流日父母宮不好。有煞星坐鎮。再加流年、流月、流日的運程不好，三重逢合，會遇到受虐的事情。

5. 有化忌星在父母宮的人，再加上三合四方有煞星來沖照父母宮的小孩，會有受虐的情形。

若有羊刃與化忌同宮，則有受虐遭血光的問題出現非常嚴重。

☆ ☆ ☆ ☆ ☆

舉例說明：

王小弟弟是地劫、天空坐命亥宮的人，命宮無主星，對宮有廉貞、貪狼化祿、祿存照會命宮。因廉貪居陷地。王小弟弟一直人緣不佳。雖有化祿，因主星陷落，故對人緣沒有幫助。有祿存，反主孤單。命宮中有劫空二星也是主孤單、孤獨之星。

劫空坐命的人，很聰明、點子多，但也總是捉弄別人，無法交到朋友。亥年時，他也正逢這個劫空，又有廉貪相照的運，不受人喜愛，上小學一年級，短短的一年中就轉了五所學校。因為在學校老是與同學打架，受傷同學的父母，群起抗議。學校的老師也不耐其煩，故而逼其轉學。

事實上，王小弟弟從雞年起走武殺運程運氣就不好，在狗年時，逢太陽、文昌、鈴星運程，三合處有巨門、擎羊、火星照會時，被其父教訓，打斷了手臂。

我們可以看到王小弟弟，在子年走父母宮，天機化忌的運程，對宮又有巨門、擎羊相沖照，又再度遇難。這次是身上的傷痕、血光。

丑年的運氣是紫微、破軍、左輔、右弼化科、天魁。對宮是天相相照，終於走到好運，少挨一點打了吧！小孩子走旺運時，頭腦也會較清晰聰敏一點，調皮搗蛋、打架惹事，也會收斂一點，當然挨罵責打也相對減少了。

王小弟弟　命盤

遷移宮	疾厄宮	財帛宮	子女宮
廉貞 貪狼化祿 祿存 天馬 癸巳	巨門 天刑 擎羊 甲午	天相 乙未	天同 天梁 陰煞 丙申
僕役宮 太陰化權 文曲 陀羅 壬辰	水二局　陽男		**夫妻宮** 武曲 七殺 丁酉
官祿宮 天府 辛卯			**兄弟宮** 太陽 文昌 鈴星 天姚 戊戌
田宅宮 火星 甲寅	**福德宮** 紫微 破軍 左輔 右弼化科 乙丑	**父母宮** 天機化忌 丙子	**命宮** 地劫 天空 紅鸞 癸亥

青春有勁

PART－9

具有刀光劍影命格的人

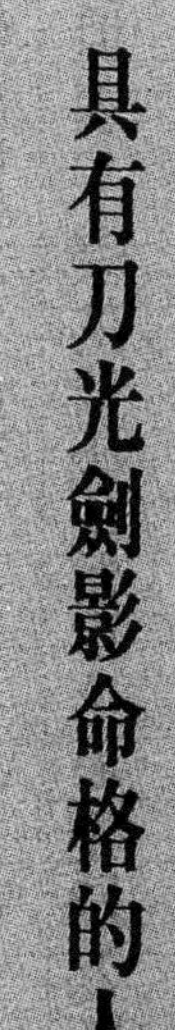

這裡所指的具有『刀光劍影』命格的人，主要是談些個性凶悍，剛硬，在命理學上稱為『殺氣重』的人的命格。

這本書中談了這麼多遭災、遭禍的命格，都是屬於一些弱命、弱運的人，那麼具有『刀光劍影』的命格的人，總該是個命強、命硬，運氣強勢的了吧?!但是，那也不見得！雖然我們都覺得這種強命、硬命的人，都是會對別人產生侵略性影響的人。但『殺氣重』的人，命格與命程上有好有壞，不一定全是匪類。相反的，某些『殺氣重』的人，因為個性剛硬堅定，反而可以在事業上有所成就。且聽我一一道來。例如：

七殺坐命的人

七殺星獨坐命宮時，不論是在子、午、寅、申、辰、戌宮都是居旺廟旺之地。七殺坐命者的通性是眼大性急、個性倔強、有威嚴，使人望而生畏。做事速戰速決、好動不好靜。少年時坎坷、身體也不好、外傷多。一生辛苦勞碌，但吃苦耐勞、堅忍不拔，通常在事業上都會有成就。

七殺坐命的人好爭，當仁不讓的硬派作風，也讓人懼怕。

★七殺在子午宮坐命的人，對宮是武曲、天府，在外的物質資源非常好，賺錢容易，但是也造成『因財被劫』的關係，人很小氣吝嗇。倘若七殺與羊刃（擎羊）同宮坐命的人，肯定是個陰險凶惡的惡徒，靠掠奪、侵佔財物過活。若是再為壬年生的人，有武曲化忌時，肯定是賺黑心錢了。

★七殺在寅申宮坐命的人，對宮是紫微、天府，外在的環境優渥順利。但是己年寅時生的人，和辛年丑時生的人，有『羊陀夾忌』的惡局，流年、流月遇到，恐有不測。這兩個命局的人，官祿宮與朋友宮都不好，雖然他們有偏財運，很可能他們在爆發財運之後，就要面臨災禍的考驗了。

★七殺在辰、戌宮坐命的人，對宮是廉貞、天府。雖然他們有些小氣，但在外面很會交際。乙年、辛年生的人，很容易形成『廉殺羊』的惡局。丙年、戊年、壬年生的人，形成『廉殺陀』的格局，大運流年、流月三重逢合，有惡死和死於外道的危險。再加上這些年份出生，又是七殺坐命的人，命宮裡有羊陀同宮或相照，本性陰狠、交際手腕又好，多是大哥級的人物，因此惡死的成份也升高了。

紫殺坐命的人

紫殺坐命的人，要比七殺獨坐命宮的人，長相要氣派得多，也比較得到人的尊敬，人際關係也較好，這是因為紫微帝座同臨命宮的關係。

紫殺坐命的人不畏煞星來沖剋，倘若在四方三合處有地劫、天空及化權星來照會，可做寺廟的住持。請看後面星雲法的命盤，即為此證。

星雲法師　命盤

命宮	父母宮	福德宮	田宅宮
紫微 七殺 右弼 陀羅 天馬 6—15　乙巳	祿存 文曲 天姚 丙午	擎羊 丁未	文昌 台輔 戊申
兄弟宮 天機 天梁 封誥 陰煞 16—25　甲辰	火六局	陰男	**官祿宮** 廉貞 破軍 天空 左輔 天鉞 86—95　己酉
夫妻宮 天相 26—35　癸卯			**僕役宮** 76—85　庚戌
子女宮 太陽 巨門化忌 天刑 36—45　壬寅	**財帛宮** 武曲 貪狼 地劫 46—55　癸丑	**疾厄宮** 天同化權 太陰化祿 鈴星 56—65　壬子	**遷移宮** 天府 火星 天魁 66—75　辛亥

武殺坐命的人

武殺坐命的人，雖然對宮是天府祿庫，但是武曲、天府雙財星被殺星所剋，還是『因財被劫』的格局，賺錢辛苦，留不住財，個性吝嗇，而且他的財帛宮處在廉貪陷落的宮位，當然想好也好不起來。但是武殺坐命的人非常想賺錢，倘若再有羊陀、火鈴、化忌星沖照命宮，其人也會是心狠手辣、陰險狠毒的犯案者。巳、亥年弱運時，也會鋃鐺入獄。

廉殺坐命的人

廉殺坐命的人，是個性頑固的狠角色。做任何事情很能堅持到底。倘若有羊陀火鈴四星俱全的來照會，其人較惡質、凶狠。且有橫死之虞。因為有羊陀照會與同宮，即形成『廉殺羊』、『廉殺陀』的惡局了。

廉破坐命的人

廉破坐命的人，很能吃苦耐勞。平常陰沈少話，但一開口較狂妄。為人很衝動，容易和人起爭執。

廉破加火星、鈴星、擎羊、陀羅坐命的人，會有想不開的念頭。若與人結仇、很衝動的想與人同歸於盡，是個很可怕的人。廉破坐命的人，也很容易入黑道，或擺流氓的架勢。有劫空同宮好，入廟為僧可得教化。

巨門坐命的人

巨門坐命的人，有很重的疑心病，遇事反覆無常，倘若巨門居廟旺之地時還好，為人口才好，可從教職、推銷員、民意代表會很有發展，但也一生是非不斷。

巨門陷落時，口才不好，是非更多。再遇化忌星時，人較惡質、廢話多，且不行正道、喜入鼠輩之列。四方三合處煞星多的人，為匪徒為盜的人很多。有『羊陀夾忌』的人惡死。有巨、火羊格局的人，多自殺或被火燒死。

廉貪坐命的人

廉貪坐命的人，本來就是個易犯官非、喜邪門歪道、沒主見又意見多的人。有羊陀、火鈴、化忌星同宮或照會時，更會犯下淫禍，是一個極端惡質的敗類、惡棍。也會因追求酒色財氣而喪生。

破軍坐命的人

破軍坐命的人，其個性是讓人難以捉摸的，反覆不定、私心重、疑心也重，報復心也重，很會記恨。為人幹勁十足，敢愛敢恨、說話很衝，容易得罪人。破軍坐命的人，一生的轉變多，喜創業。破軍居旺時，事業較有表現，但一生的運程變化較多。考試院長許水德先生乃是破軍坐命的人。

破軍陷落坐命時，會有破相或麻臉的狀況。而且個性奸滑、凶暴、六親不認。

破軍星是爭戰的星，喜爭強鬥狠，因此是不論旺弱在命宮坐命時，四方三合地帶，再有羊陀、火鈴、七殺星來沖照，定會爭戰殺伐，以惡勢力為業。

武破坐命的人

武破坐命的人，因財星武曲逢破，一生財運不佳，也算是個『因財被劫』的人。個性上兼而有之武曲的剛直衝動，與破軍多疑善妒、奸滑凶暴的個性。在命宮的四方三合地帶多會羊陀、火鈴等星，為人惡質。

武破的人多喜歡打麻將賭博，是個天生的投機份子，因此即使是從事黑道的人，也多混跡賭場，或靠女人吃飯為業。

擎羊坐命的人

擎羊坐命的人，外型非常好認，臉呈『羊』字形。有傷殘或破相，陷落的人，多麻臉渺目。

擎羊坐命的人，個性剛暴奸滑，是非多。容易從事殺氣重、是非多的行業。

倘若是龍年、狗年、牛年、羊年生的人，再坐命於辰、戌、丑、未宮的人為入廟。如四方、三合處來會的煞星少，則人還會有成就，可做外科醫生，或執行法律的執法者、屠宰業、或與刀有關的行業等。

擎羊星落陷坐命時，則是雞鳴狗盜之士了。如再有火星、鈴星來會照沖剋，惡性更是重大，殺人不眨眼。前不久於八十六年四月三十日捕獲殺死舞女而分屍的楊金合，羊字險、瘦小猥瑣、狠毒，即是此命造。又如八十五年劫持麥當勞運鈔車、堅守自盜的嫌犯，亦是此命造。

因此我們知道擎羊坐命者，不論旺弱，都有奸滑好爭鬥、霸道、不講理、愛計較的個性。為了社會的治安著想，為人父母者，也應該少生產幾個擎羊坐命的人，以免害人害己。

陀羅坐命的人

陀羅坐命的人，一生也是是非、凶厄多。個性陰狠、固執、記恨心強，精神上有長期的折磨、痛苦，很難為人瞭解。

單星坐命的人，一生波折大，心境不能平衡。有化忌、火鈴、殺破、劫空等星沖照時，也是雞鳴狗盜之士。

有貪狼及多顆桃花星照守命宮時，會成為強暴犯，專幹傷天害理的事情，這也是我們不喜歡見到的命格。

火星坐命的人

火星坐命的人，多毛髮有異相，會發紅。個性激烈、易怒。爭強鬥狠、急躁不安。居陷時，也是有麻臉、傷殘、外虛內狠情況。

火星坐命的人，必須照會貪狼，或與貪狼同宮。爆發運可解其人的狠毒。否則也是一生勞碌，多在下層社會裡打混過日子或做打家劫舍的勾當。

火星加左輔、右弼入命宮的人，多精神不正常，有精神上的疾病，有妄想症。這是左輔、右弼輔助了火星坐命者怪異行徑的特殊表現。左輔、右弼二輔助之星，若輔吉星，人的命程為之更吉。若輔助凶星。則助紂為虐更甚。如七殺加左輔同宮的人，為盜、為小偷。

鈴星坐命的人

鈴星坐命的人，心胸狹窄、智慧高，比火星坐命者陰險，也是個性激烈的人。倘若沒有會貪狼而橫發，也會走向凶煞之途。倘若橫發格裡之貪狼又逢化忌，則會因作惡事而爆發財運，成為江洋大盜。這也不是善良百姓所樂於見到的命格。

地劫坐命的人

地劫是屬於時系星，地劫單星坐命時最凶，倘若又是坐命於巳、亥宮，再遇對宮是廉貪來照會的人，性格頑劣，喜邪僻之事。個性喜怒無常，是非多，又吝嗇，在四方三合地帶沖照的煞星多的人，會因惡貫滿盈而夭亡。

☆　☆　☆　☆　☆

從上述中可以得知，凡『殺氣重』的人，再有四方三合地帶來會的煞星多者，為禍最烈，會成為社會的敗類，人類的剋星。但這些剋星絕大多數是命程與運程不好的，當他們走弱運時，也會作奸犯科犯下大案子，最後的結局，不是蹲苦窰，就是惡死以了結。

如何看有牢獄之災之命格

如何看有牢獄之災之命格

在我命相生涯裡，遇到許多官司纏身而來詢問有沒有牢獄之災的人，在這些人中，包括了因財務糾紛，因政治因素而來問災解惑的人，也有一些是因衝突而起干戈被人所告，或是做放高利貸，及一些晦暗之事的人來問災。其實這些人，在來問災之前，都已心知肚明的自有定數了吧！

看有沒有牢獄之災，其實很簡單，抓住幾個要點，便能心領神會的自己看了。例如：

1. 流月、流年走有化忌星的運程，再加上有白虎星、貫索等星的運程時，比較易於有牢獄之災。尤其是主星為巨門時更驗證。

2. 流年、流月逢天相陷落，再有煞星羊陀、火鈴來會，且貫索星在流月裡，會有官禍。天相為印星，主官祿。天相逢煞，印章失效，再加貫索、官符、大耗等星時，有牢獄之災。

3. 流年流月走廉貞、天相、羊刃（擎羊）的運程時，為『刑囚夾印』的格局，會惹官災。遇到廉貞、天相、天刑、化忌等星在四方、三合地帶相互照守的運程時，官災嚴重，會坐牢。

4. 有廉貞、擎羊加左輔、右弼入命宮的人，流年、流月再遇化忌、白虎、官符、貫索、大耗等流年歲星時，會因為做盜賊而被關起來。

5. 流年、流月走太陽陷落化忌的人，再有巨門、官符、貫索、大耗等星同宮，且在流年、流月的宮位時，該年、該月會去吃牢飯。

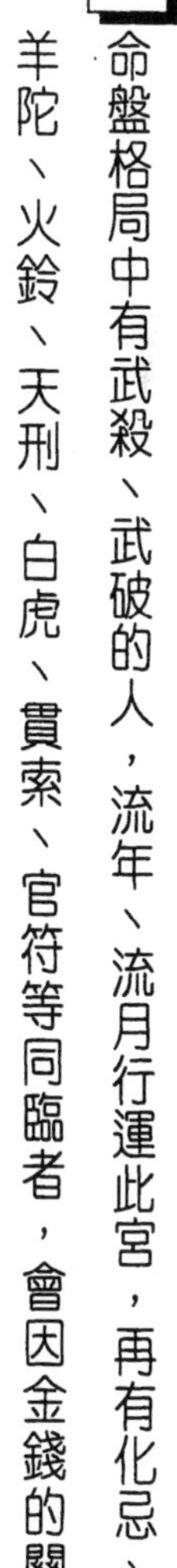

6. 命盤格局中有武殺、武破的人，流年、流月行運此宮，再有化忌、羊陀、火鈴、天刑、白虎、貫索、官符等同臨者，會因金錢的關係鋃鐺入獄，是『因財被劫』的關係。

7. 有廉貞、貪狼、陀羅同宮格局的人，再有化忌、天刑、白虎、貫索、官符等星沖照的人，流年、流月運程行經此宮，會因色情之事犯案而入獄。

8. 廉貞、天相、羊刃再有照會桃花星多的人，流年、流月逢之，也是因桃花官司而入獄的人。

9. 廉貞坐命的人，易犯官符，陷落時災禍更深，如流年、流月逢到化忌、官符、大耗、貫索、白虎等星，會有災禍發生。

☆ ☆ ☆ ☆ ☆ ☆

大家可以看到的是，上述九條中，每一條都有一個關鍵的星曜『貫索』。貫索在命理中到底代表什麼意義呢？

貫索主困、主獄災，有被困起來的災禍。通常貫索與巨門、廉貞、天相陷落化忌這些是非、官星、印星在一起時，主官災獄禍。倘若與病符、大耗、小耗、晦氣和五行長生十二神中的病、死、絕同宮時，會住醫院、得重病。

倘若貫索與病府…等星同入流年疾厄宮時更準。

大家可以此來觀察自己的運勢。

不管如何，就算是你再會看流年，再會解讀牢獄之災的年、月、日。此事最好還是不要發生的好，『多行不義終自斃』！終究是千古不變的真理啊！與是非遠離，不要賺是非的錢財，斷了與是非有關的貪婪念頭，才是真正解除牢獄之災的方法呀！

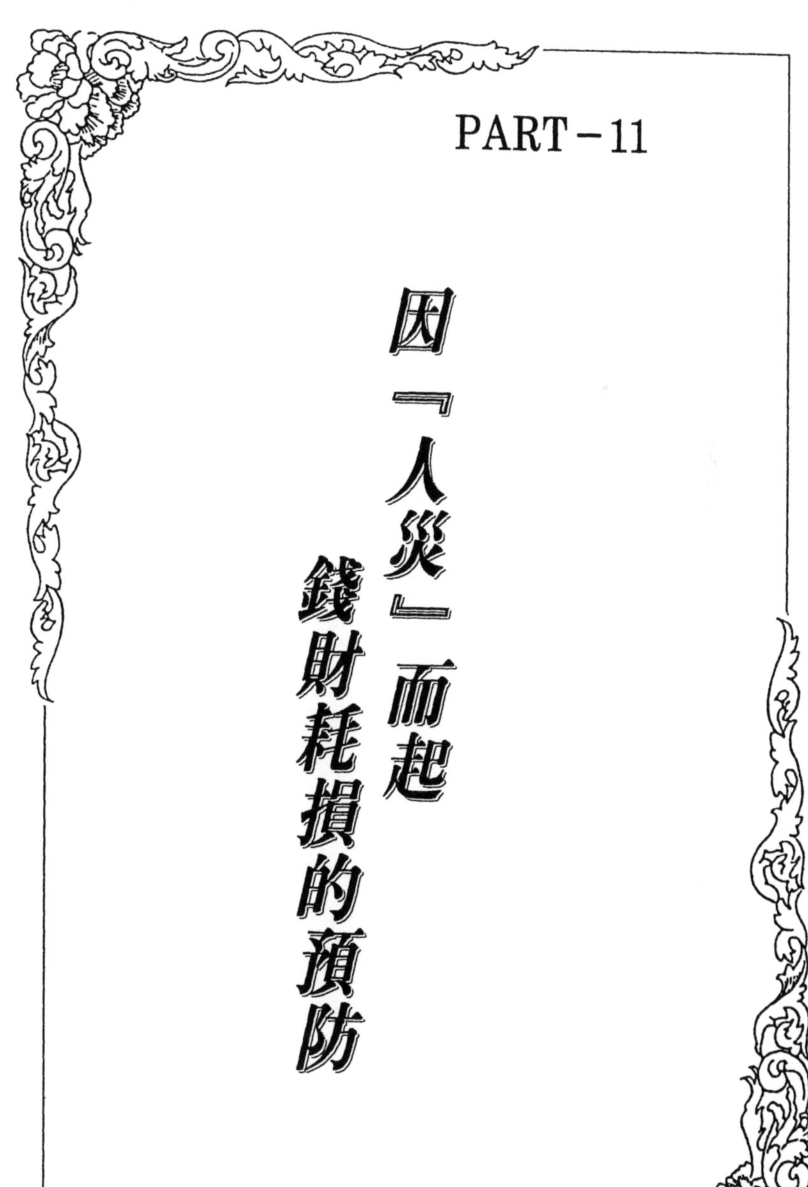

PART－11

因『人災』而起 錢財耗損的預防

因『人災』而起錢財耗損的預防

所謂『人災』即是因人而起的災害。普通人會犯『人災』的狀況，多半是交友不慎而被陷害、拖累，被倒會損失錢財，或是欠債不還而人跡消失等等的狀況。其實『人災』的狀況還包含了許多的原因，現在我們單就錢財耗損這個部份加以討論。

通常與你的財務發生關係的大多為家人（兄弟、妻子、父母、子女）、朋友、事業上的夥伴等人。因此我們看『人災』時首重看『僕役宮』與『兄弟宮』這組星曜。倘若你的『人災』是由事業而起的，你不僅要看『僕役宮』與『兄弟宮』對照的星群，還要看『官祿宮』與『夫妻宮』對照的星群。倘若你的『人災』是由子女所引起的，請看『子女宮』與『田宅宮』對照的這組星曜來判斷吉凶。倘若你的人災是由長輩所引起的，必須看『父母宮』與『疾厄宮』對照的這組星群。

一般我們與朋友要好的情誼，往往親如兄弟。這是一種平輩的關係，因此在斗數中，兩者是對照的。也往往是因為關係親密，才會有銀錢信任的往來。

因朋友兄弟而起的人災

在我們觀看『人災』的時候，主要是以流年、流月的活盤為主。在流年、流月的活盤裡。流年財帛宮不佳，有化忌、劫空、殺破、羊陀、火鈴等煞星侵臨時，或財星被劫時，財運不順有破耗。再看流年、流月之『兄弟宮』、『朋友宮』亦是不佳，如有同巨在丑未宮；巨門居辰、戌宮；天機居丑、未、巳、亥宮；破軍、天相居卯、酉宮；武殺、廉殺、廉破、廉貪、七殺、武破、天梁居巳亥宮；太陰居卯、辰、巳、午、未宮。太陽居戌、亥、子宮的人，可能會遭受朋友或兄弟所加之不吉災禍。若流年財帛宮亦有上述這些星，則錢財受損是必然的了。這就是『人災』。通常朋友宮與兄弟宮中有廉殺、廉破、廉貪、武殺、武破、同巨、化忌者更驗。

因事業而起的災害

要看因事業而起的耗損狀況，或因妻子帶來的災禍，要看『事業宮』與『夫妻宮』相對照的這組星。

首先我們還是要先看活盤裡流年、流月裡的財帛宮是否昌旺，是否完好，倘若也是武殺、武破、廉殺、廉破、劫空、化忌這些星，肯定是『因財被劫』，或耗損成空了。也證明該年、該月財庫受損了。再尋找原因：

看流年、流月事業宮（官祿宮）與夫妻宮裡，有沒有上述的廉破、廉殺、武破、武殺或太陽陷落、太陰陷落化忌等星。再看四方三合地帶有沒有羊陀、火鈴、劫空、化忌星來照會。如果煞星亦多，也形成了因事業上之不順而引起金錢耗損的原因了。

若因事業合夥人而起的金錢糾紛，還是要看流年、流月朋友宮、兄弟宮的這一組對照的星曜是否是朋友宮運逢陷地而定。

因子女而起的人災

很多父母在教育子女的時候，都會遇到一些棘手的問題。例如小孩不聽話、打破損壞了別人的東西要賠錢。或者有些父母有不肖的子女，耗損家產。父母健在就爭奪家產的繼承權等等，這些都算是因子女而起的人災。

因子女而起的人災問題，要預先發現，就可先算出流年中的第一個月（一月的所在之處），然後逐月檢查其流年、流月的子女宮和田宅宮，看看那一個流年或流月的子女宮或者田宅宮是逢煞星侵臨的。或是有化忌、劫空、殺破、羊陀、火鈴、巨門等星沖照的。『因財被劫』、『羊陀夾忌』也都是不好的格局。

倘若有煞星在流年、流月的子女宮或田宅宮同宮或沖照，則表示該年、該月與子女的關係欠佳，也可說是惡劣。而家宅也是不寧，多是非的。如此你就可小心謹慎，或做事前疏導或是加強自己的心理準備工作，在事發之後才不致慌亂，也可在事前即想出一套智慧的方法，讓其不要發生。或是如何把自己的金錢損失降到最低。預防勝於治療，溫和的疏導勝於責罵，將會更有效。

舉例說明：

前不久，一位南部鳳山地區的富家子，到歐洲觀光七天，就花掉台幣一仟萬元，沒買任何東西，只是沈溺酒色的高消費而已。令其母欲哭無淚。

平常這位仁兄即認為在家族中不受重視，本身又無能耐經營事業，母親健在又尚未分家，故而做出此事引起家人注意。倘若你有這樣的兒子，是不是也有椎心之痛呢？這個母親在流年、流月中一定是有破耗之星在子女宮和田宅宮相對的這組星群中的。若能及早預見，想法子疏通，也許就不必發生這樣的事情了。

舉例說明：

前不久，一位朋友氣急敗壞的來找我，希望我能幫她的兒子看看命。她言道：她的兒子今年虛歲十九歲，是個不愛講話的人，也不知他的心裡在想些什麼？目前在唸高工電子科。

三年前，當他還在上國三時，有一天，一個自稱是兒子朋友的人找到家裡來，宣稱她的兒子欠他很多錢，都是買安毒的錢。

這一聽，非同小可，她從來不知道兒子已吸安毒。大驚之下將兒子狠狠責罵，家中真是雞飛狗跳一般。雖然兒子再三辯解沒有吸毒，可是父母親都不相信。

看著眼前這個要債的小混混，老實的父母也沒辦法，只好掏出了幾萬元，替兒子還債。

可是這個小混混食髓知味，常常來討債，朋友的家中真是愁雲慘霧。一次，她的兒子與小混混大打出手，兒子傷重住院，驚動了警察前來查問。才發現小混混早已是登記有案的安毒犯。而兒子真的沒有吸毒，事情才告一段落。

今年，這位母親很希望兒子能考上技術學院，不要再重複以前的覆轍。特來找我為其解惑。

我們可以看到這個年青人的命盤是武貪坐命丑宮的人，而且是武曲化祿、貪狼化權，再加鈴星，是個『武貪』加『鈴貪』雙重爆發運的人。因對宮有擎羊、文曲化忌來沖對，故而不善言談、不喜說話，因為一說話便容易出錯有是非，故而少說為妙。

羊刃和化忌雖然沖到他的『武貪』、『鈴貪』格，一般在命理上，算是破格，但是可解。丑年流年、流月遇爆發運之月份前，必有是非、血光而後大發。

現在來談他的人際關係。他的擎羊、化忌剛好在遷移宮。在外面是非、血光多，外面的境遇較凶險，因此多喜歡待在家中。所幸羊刃居廟，為害不算太大。但也要小心大運流年、流月、流日所形成的『廉殺羊』格局，便不妙了。

三年前狗年時，其流年的兄弟宮為廉破，其流年的朋友宮逢天相陷落及陰煞（犯小人）；這兩宮相照的星曜，促使他在狗年流年裡，與兄弟姐妹和朋友的關係不好。尤其是廉破這兩顆星，會讓人交上壞朋友而產生損耗。因此才發生了有人來要債討錢的事情。該年農曆九月逢羊刃、化忌，於是與小混混衝突而生血光傷災住院。

你看！在紫微斗數命盤中，一字不差的應驗了這位小兄弟的『人災』事件！

這位母親煩惱的說，實在很擔心家中這唯一的獨子會變壞。

我告訴她說：『妳放心好了！這個兒子絕對不會變壞的！武貪坐命的，又有權祿同宮坐命，個性很固執，有他一定的道德標準，自視很高，不肯同流合污。個性吝嗇，對於惡徒讓父母花錢，被敲詐很不甘心，才與對方打架死拼。

武貪坐命的人，因為本身自知有暴發旺運的機會，會一步登天，固而自視很高，做事也很打拼，肯定是將來前途無量的人，事業、財產不能盡數。

可是在他的命格中，流年裡還是再三的會逢到這個廉破、陰煞的壞朋友運及人災的問題。經過前次的教訓後，父母要懂得與兒子溝通的方法。兒子會更加警惕交朋友的尺度，這未嘗也不算一件好事吧！

李小弟 命盤

官祿宮 紫微 七殺 陀羅 己巳	僕役宮 左輔 祿存 庚午	遷移宮 文昌 文曲化忌 擎羊 〈身宮〉 辛未	疾厄宮 右弼 天鉞 天空 壬申
田宅宮 天機 天梁化科 戊辰	陰男 水二局		財帛宮 廉貞 破軍 台輔 癸酉
福德宮 天相 天姚 陰煞 丁卯			子女宮 甲戌
父母宮 太陽 巨門 地劫 天馬 丙寅	命宮 武曲化祿 貪狼化權 鈴星 丁丑	兄弟宮 天同 太陰 火星 天魁 丙子	夫妻宮 天府 天刑 乙亥

易遭火災、水災的先天命格

別開玩笑
以策安全

燒
BON

易遭火災的先天命格

近幾年來連續發生許多重大的火災，例如許多餐廳、KTV、大飯店，都曾陸續遭到火神的侵噬！而一般的民宅也總在過舊曆年前是火災頻繁的時刻，在台灣的人無不談『火』色變。

火災這麼多，一方面是歹徒、青少年惡意縱火，另一方則是人為疏忽而致。像是電線走火、天乾物燥而起火的發生率倒是極小的。因此整個事件看起來應屬是非作亂的原因最大了。

從命理學的角度來看火災的發生，歸納起來有幾個原因。

1.

是房屋坐向的問題。這也是俗稱風水問題。例如房屋的坐向是二黑土方（東南方），星號巨門，為先天的火數。主是非麻煩，再逢到九紫、五黃的年份，或是戊、己年都容易發生火災，且多招是非。

又如九紫火星所在的方位（南方）、五行屬火，性最燥熱，有福的人，遇之立刻發福，無福之人有大禍。而且房屋坐向是九紫火星方位的，遇五黃之年或遇戊、己年，亦主火災。

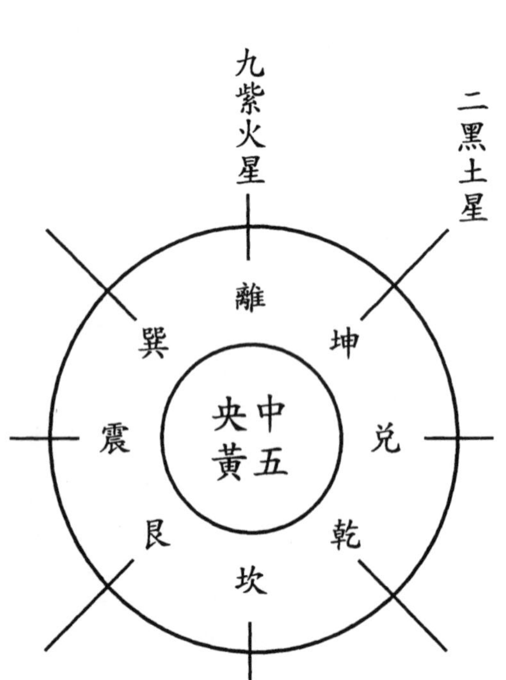

這裡我們所談的有福之人，即最好是八字缺火的人，或是用神為木火之人。而無福之人則是命中八字火旺之人，切記不可住巨門、火星的房子，否則必生火災。

例如圓山飯店之火災即為屋向與年命犯五黃煞之關係而形成的。台北衡陽路有一家店面，曾多次發生火災，沒幾年就一次，火災發生之頻率堪稱奇談。原先是布行，幾經換手，也開過麥當勞漢堡店，但終敵不過火神。多次改建，依然火燒，像這種喜蒙火神眷顧的店面，也是屋向坐於廉貞火龍之位。年命逢火，和屋主火命，都是有眾大的關係。通常火命的房子也容易興旺、生意好。但是火神的眷顧，仍是會有傷亡和損失不貲的麻煩。

2. **是年命的問題**。通常我們可以發現一個共通點。就是在納音屬火的年份裡，火災最旺。

例如，甲戌年、乙亥年為山頭火年。

丙申年、乙酉年為山下火年。

戊午年、己未年為天上火年。

戊子年、己丑年為霹靂火年。

丙寅年、丁卯年為爐中火年。

甲辰年、乙巳年為覆燈火年。

不但是納音屬火的年份有問題。亥年的歲星裡更有天狗、伏屍、血刃等惡星。因此當大家寄望亥年為一個水為財的金豬年的時候，是否已暫且忘卻了這些為害頗烈的災煞星了呢？

因此我們可以看到一九九五年歲次乙亥年的種種不幸，不但有對岸的恐嚇，身處木火之鄉的台灣，災火連連，死傷無數了。也因此讓台中市長林柏榕下台，成為另一個火災的受害者。

3. 是人的本命問題

根據筆者多年相命的調查統計，約莫有四分之一的人，命格中具有火災的命格，而有些人是火災、水災都具有的命格。

具有火災的命格如下：

1. 命宮、身宮中有火星的人，特別又是火六局的人，容易發生火災。
2. 命盤中有太陽、紅鸞、化忌、羊陀、火鈴同宮或相照會的人，容易有火災，且有傷亡之憂。流年、流月逢到會遇到。
3. 命盤中有火星、紅鸞、化忌、羊陀、火鈴同宮或照會的人，流年、流月、流日碰到有火災。
4. 火星、廉貞、紅鸞、化忌等星在田宅宮、子女宮相照的人，家中容易起火。

5. 命盤中有廉貞化忌，再遇紅鸞、羊陀、火鈴有火災。若再遇天馬，遇火災更嚴重，且是在外面遇火災受傷或死亡。

6. 命盤宮位裡，有天刑、火星、紅鸞、化忌同宮的人，流年、流月、流日遇之會燙傷、燒傷或遇大火災。

7. 有巨門、火星、大耗等星在命宮或田宅宮時，容易有火災。加化忌、羊陀更準，會因火喪命。

8. 巨門在辰戌宮入命宮的人，若與火、鈴同宮，逢惡限為『巨逢四殺』。主死於外道。若是三合處湊殺，則遭火厄。

9. 在八字中，寅、午、戌年生的人，或是戊、己年生的人，再運逢寅、午、戌年也要小心火災、燙傷的問題。

由上述的分析顯示，雖然具有火災命格的人，只佔有四分之一的人數機率。但是屋向與年運也是關鍵之一，倘若你的運程，流年、流月不好，逢有羊陀、火鈴、化忌、劫空、巨門、殺破的運程，在弱運的日子裡，你也會鬼使神差的去到易發生火災的現場而遇難。因此學習流年、流月的算法，可保你的平安。認真學習，自然可防範於未然了。

易遭水災的先天命格

雖然每年夏天總會發生幾件學生玩水而溺水的事件，或是有人想不開而投水自盡。偶而再有日月潭船難及千島湖事件的陰影，但嚴格的說起來，歷年來遇水難的人，要比遇火難的人少得多。主要的原因，大概是因水厄致災的命格格局較少吧！

1\. 水厄的主要命格，若會傷及性命的，主要還是有『廉殺羊』、『廉殺陀』、『羊陀夾忌』等惡格局。再與水厄的基本形態：

破軍、文昌

破軍、文曲

聯合組織而成。

倘若命盤中有破軍、文昌、文曲等星，三合、四方之處再形成『

廉殺羊』、『廉殺陀』、『廉殺陀』、『羊陀夾忌』等沖照而成的格局，流年、流月碰到會因水厄而死。

2. 倘若命盤裡有廉破及火星居陷地相互照守或同宮的人，流年、流月逢到，會自縊投河。（這是以水自殺的一種方式，命格中有水厄的人較會選擇。）

3. 倘若辰、戌二宮中有鈴星、文昌、陀羅、武曲相互照會。而辛年、壬年、己年生的人，大小限運逢此辰、戌二宮者，會遭水厄。

4. 若命盤中，某一個宮位有太陰、巨門、擎羊同聚一宮的人，流年、流月運逢此宮，有水厄。或因想不開投水自盡。

生辰八字裡有『咸池煞』的人，最忌見水，有水厄。

申、子、辰年生的人，逢流年、流月為癸酉。

生在亥、子年，而命格屬水的人，也忌見癸酉。

申、子、辰、亥年生的人，逢干支納音屬水的年份，例如丙子、丁丑、壬辰、癸巳等等。會有水厄禍災，不得不防。

☆　☆　☆　☆　☆

我曾經在別本書中闡述一個觀念，那就是在一個場所，當命格中有火因子的人，和運逢惡煞的人，聚集在一起很多時，會發生嚴重的火災。也許火災現場裡也有根本沒有火厄命格的，當他碰上火災時，只是倒霉罷了。但是有火厄命格和煞運的人，在火場中受傷會較嚴重，是不爭的事實。而沒有火厄命格和煞運的人，會很輕易的逃離火場而無事。

在發生水厄船難時，也是一樣的。一同去游水的幾個人，或一般船上的人，都成了生命共同體。當其中的幾個人或一些具有水厄命格和煞運的人多的時候，慘遭滅頂和覆船的機會無限增加，以致災禍發生。

因此精算流年、流月運程，是最佳防備火災、水災的方法了。

PART－13

家中喪事的預知

家中喪事的預知

普通家中有久病不癒的病人，家人擔心害怕，故而想預卜吉凶。

預卜孝服之事，主要是以喪門、白虎、弔客、空亡等星處在流年、流月行運之宮位裡，還要配合主星陷落、化忌、劫空等星而形成的。

喪門雖主喪亡，會遭遇不幸，但單星獨坐流年、流月之命宮時，並不一定有弔喪之事。

因此整個說起來，預卜孝服之事，還要看病人本身之命盤，運程是否為運至惡地，命逢限地，才能講的。

一般在家中，父母壽元較短的人，其子女的命盤內，定有太陽陷落、太陰陷落等星。太陽陷落時，主父親命較短。有太陰陷落的人，母親較短壽。可是這太陽陷落與太陰陷落的格局亦主無緣，相處不佳或少見面。因此與父母分開住，減少見面，父母也不會短壽了。

倘若生病的父親或母親命至弱運。在子女命盤中又發現了太陽陷落或太陰陷落的狀況。又在流年、流月中找到喪門、弔客、白虎、大耗、化忌等不吉之星。這孝服之事就很清楚的顯現出來了。

至於突然發生事故、突然病亡、車禍等突發事件，在其本人命盤格局中，都會有『廉殺羊』、『廉殺陀』、『羊陀夾忌』、『命裡逢空』、『命裡逢劫』等惡煞的現象，這在前面已有述及，不再重複述之。

在家中有喪服之痛的時候，家中每個人的運氣都會降低，因此我們在撫平傷痛時，更應要言行謹慎，避免再觸及其他的災禍。

PART－14

疾病發生的預防

疾病發生的預防

一般人除非生了大病或是要開刀，才會找人算命，看看吉凶。倘若你對預卜有興趣的話，很多事情都可自己來做，而且應證起來也方便得多。

我們要瞭解自己何時會有病災，當然要先瞭解自己一生的身體狀況。倘若你是個身體不佳（身弱）的人，常治久安、帶病延年，每天都在生病，預測疾病就變得沒有意義，倒是那一個月？那一天身體較舒爽，反而是值得預知的步驟。

1. **我們首先要從自己命盤正盤中的疾厄宮裡瞭解自己可能會發生那些疾病？**或是健康良好，沒有大病，但這不代表你不會傷風感冒。

因此還是要小心。

★通常疾厄宮中主星居廟旺之位的，健康少災。

例如：紫微、天府、太陰、貪狼、天相、天同、天梁、文昌、文曲、魁鉞、火鈴等星在疾厄宮裡居廟旺之地時，一生的健康沒有問題。

但是在疾厄宮太陰居陷時有傷殘之災。

貪狼居陷時，有神經痛、關節炎。

天相居陷時，有殘疾。有皮膚病、黃腫、脾臟問題。

天同居陷時，有耳疾，嚴重會耳聾。

天梁居陷時，血液有雜質。

文昌居陷時，弱點在大腸。次為肺、肝、胆。

文曲居陷時，胆有問題，時好時壞。

魁鉞居陷時，肝病、脾胃要小心。

火鈴居陷時，皮膚病惱人。

★疾厄宮中顯示『容易受傷』的星座有：

天機星入疾厄宮，幼年多災，有破相在頭上、顏面上。

武曲星入疾厄宮，自幼年一生多災，手足與頭面多傷。

廉貞星入疾厄宮，自幼年起易生瘡及腰足有傷。

擎羊入疾厄宮，一生多災、血光之事，尚有四肢無力症並促成短壽之相。若頭面破相可延壽。

陀羅入疾厄宮，幼年即多災多難。口齒、頭面有破傷的人較長壽。

★疾厄宮中顯示『身體差』的星座有：

七殺入疾厄宮，幼年多病，不好養，易生肝炎、肺病。

破軍入疾厄宮，幼年多災，身體易破傷。而且易患皮膚、膿腫之病。還有支氣管炎、肺炎要小心。

祿存入疾厄宮，自年幼起多病。注意脾、胃。

巨門入疾厄宮，年輕時就會患膿血之疾。

巨門在子入疾厄宮，有胃病。

★疾厄宮中顯示『眼病』的星座有：

太陽入疾厄宮，有頭痛感冒病症。太陽居陷時有眼睛的毛病。太陽居陷，與天空、地劫在疾厄宮者，有精神病。

陽梁酉宮為疾厄宮時，有眼目之疾。

武破入疾厄宮，有眼睛的毛病。

日月同宮有化忌、羊陀、火鈴同入疾厄宮，有眼疾。

廉貪入疾厄宮，易患眼病。

廉殺入疾厄宮，有目疾。

太陰與羊陀、火鈴同入疾厄宮，有眼疾。

貪狼與火、鈴同宮在疾厄宮，有眼疾。

巨門與化忌同宮在疾厄宮，應小心耳疾和眼疾。

天相與左輔、右弼同在丑宮為疾厄宮時，小心眼疾。

★疾厄宮顯示『酒色之疾』的星座有：

紫貪同入疾厄宮，會因房事過度而得病。

天同、巨門同宮，加羊刃、火星入疾厄宮者，會有酒色之疾。

廉貪入疾厄宮，起先喜酒色，而後性無能。

貪狼與擎羊、陀羅同入疾厄宮，有酒色之疾。

巨門與羊陀、火鈴同宮在疾厄宮，因酒色而得病。

化忌、天馬入疾厄宮，有色情所引起之疾。

★疾厄宮中顯示有『火傷、燙傷』星座有：

天相與右弼、祿存同宮於疾厄宮，會有因火傷而起的外傷。

太陽與鈴星同宮於疾厄宮，而有擎羊、陀羅沖照著，有開刀、火傷、刀傷之現象。

★**疾厄宮中顯示有『胃部病變』的星座有：**

天府入疾厄宮，有胃部之疾，病情輕微。
天梁入疾厄宮，胃部較弱。
祿存入疾厄宮，注意胃病。
左輔入疾厄宮，身體弱的部份在脾胃。
天鉞入疾厄宮，注意胃部毛病。
化祿入疾厄宮，身體弱的部份在脾胃。
同梁加天馬在疾厄宮，有胃病。
天機與昌曲、羊陀、火鈴、劫空、化忌同宮於卯、酉、丑、未為疾厄宮者，易患胃疾。

★**疾厄宮中顯示有『大腸病變』的星座有：**

文昌入疾厄宮，身體的弱點，首在大腸。

擎羊入疾厄宮，注意大腸的毛病。

七殺入疾厄宮，年幼多病，有痔瘡和腸炎之疾。

★**疾厄宮中顯示有『肝、肺之疾』的星座有：**

紫微與天空、地劫、化忌同在疾厄宮，有支氣管炎及肺部不佳的毛病。

天機與昌曲、羊陀、火鈴、劫空、化忌同宮於寅申宮為疾厄宮者，有肝病。

太陰與擎羊同宮於疾厄宮者，有肝病。

同梁加天馬同宮於疾厄宮者，有肝病。

廉破同宮與疾厄宮，有呼吸器官及肺部疾病。

天梁入疾厄宮，肝、肺較弱，有肝氣犯胃之症。

七殺入疾厄宮，幼年多病，宜注意肝炎、肺炎。

破軍入疾厄宮，呼吸系統較差，要注意支氣管炎及肺炎。

文昌入疾厄宮，肝、肺、膽較弱。

陀羅入疾厄宮，身體弱的部份在肺部。

化權入疾厄宮，肝較弱。

太陽與擎羊同入疾厄宮，要注意肝疾。

天魁入疾厄宮，得肝病。

★疾厄宮中顯示『心臟疾病』的星座有：

紫破同宮於疾厄宮中，災少，但有心律不整，血壓與神經系統不調和之症。

機巨同宮於疾厄宮，有心臟病、高血壓及神經系統之毛病，應注意。

太陽與劫空、火鈴、化忌、擎羊同在卯宮為疾厄宮時，宜注意心臟的毛病。

同梁加羊陀入疾厄宮，宜注意心臟病。

★**疾厄宮中顯示與『血液有關疾病』的星座有：**

巨門入疾厄宮，年少時易患膿血之症。

天相入疾厄宮，有血氣病。

天梁在巳、亥宮為疾厄宮時，會有血液含雜質不淨之症。

同陰加擎羊、陀羅有血液循環不良現象。

武殺同宮於疾厄宮，有血液循環不良之病。

★疾厄宮中顯示『精神疾病』的星座有：

太陽與太陰同在疾厄宮中，與天空、地劫同宮時有精神病。

太陰與天空、地劫同宮於疾厄宮，有精神上病變。

天虛入疾厄宮，有心病。

孤辰入疾厄宮，有憂鬱之病。

太陰、右弼在辰宮為疾厄宮時，有精神不正常的毛病。

七殺、火星加左輔、右弼入疾厄宮者，有精神病。

★疾厄宮中顯示『有傷殘』的星座有：

武殺同宮於疾厄宮，再加羊陀、火鈴有手足傷殘的現象。

天同、文曲同宮於疾厄宮，再加羊陀、大耗等星，要注意車禍、禍傷之後遺症。

廉殺加羊、陀、火、鈴在疾厄宮，會有手足傷殘。

廉殺同宮於疾厄宮，有羊陀來沖照，則有腦震盪之災。

太陰居陷入疾厄宮，男有勞動傷害，女有傷殘之災。

天梁與羊陀、火鈴、天哭、天虛、地劫、天空同宮於疾厄宮時，會有肢體殘障的可能。

破軍與羊陀、火鈴、劫空同宮於疾厄宮時，一生多災多難，會有身體傷殘的可能。

左輔、右弼與羊陀、火鈴、劫空同宮於疾厄宮時，時常有災難，受傷多。

祿存與火星、鈴星同宮於疾厄宮，四肢有傷殘。

天相居陷在疾厄宮有殘疾。

★ **疾厄宮中顯示有『濕疾之症』的星座有：**

天府入疾厄宮，有濕熱、浮腫之疾。

天相入疾厄宮，有面皮黃腫之疾。
天鉞入疾厄宮，肝、膽、脾、胃、肺部有濕疾。

★**疾厄宮中顯示『膀胱有疾』的星座有：**

機梁同宮於疾厄宮，下腹或膀胱有疾。
化科入疾厄宮，膀胱較弱。
天姚入疾厄宮，膀胱有疾。
廉相同宮於疾厄宮，再有凶星來沖照者，有糖尿病。

★**疾厄宮中顯示有『皮膚病』的星座有：**

貪狼居陷入疾厄宮，再加羊陀、火鈴，有瘋瘡，手足眼等疾病。
紫相同宮於疾厄宮，有輕微皮膚病與腺體質毛病。
廉府同宮加羊陀、火鈴、空亡同宮，易患嘴唇潰爛和牙病。

天相入疾厄宮，有皮膚病。
陀羅入疾厄宮，易患皮膚病。
火星、鈴星入疾厄宮，有皮膚病。

★疾厄宮中顯示『頭痛毛病』的星座有：

太陽入疾厄宮，有輕常頭痛及感冒之疾。
陽巨入疾厄宮，有頭痛毛病。
廉貞入疾厄宮，有羊、陀來沖照的人，有因腦震盪而起的頭痛。
天梁與地劫在子宮入疾厄宮的人，有頭痛腳傷之病。
擎羊入疾厄宮，有頭痛的毛病。
天喜入疾厄宮，有頭部之疾而疼痛。
紫微加羊陀、火鈴入疾厄宮，有頭痛毛病。

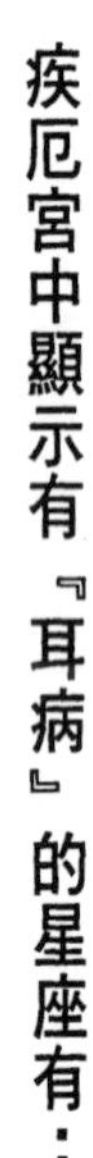

★疾厄宮中顯示有『耳病』的星座有：

天同在卯、酉、丑、未宮與凶星同宮為疾厄宮者，有耳疾。

同巨加化忌入疾厄宮者，有耳疾、眼疾。

巨門與化忌同入疾厄宮者，有耳疾、眼疾。

★疾厄宮中顯示有『神經系統毛病』的星座有：

貪狼入疾厄宮，居陷地者，有神經痛和關節炎。

紫破入疾厄宮，有神經系統不調和之病。

機巨入疾厄宮，有神經系統之疾病。

太陽與太陰同宮，再有天空、地劫同入疾厄宮的人，有神經系統之疾病。

同巨同宮於疾厄病，有神經系統不良症。

★疾厄宮中顯示有『暗疾』的星座有：

武曲在寅、申宮為疾厄宮的人有暗疾。

武相同宮在疾厄宮者，有破相、暗疾。

祿存與天空、地劫同宮於疾厄宮時，有暗疾。

★疾厄宮中顯示中尚顯示有其他病變可能的星座有：

太陰與右弼同宮在辰宮為疾厄宮者，有腎結石。

右弼入疾厄宮，易犯上火下寒之症。

武曲入疾厄宮，在丑未宮者，有腎虧的毛病。

化忌入疾厄宮，男易犯遺精，女有帶下症。

天馬入疾厄宮，男易犯遺精，女有帶下症。

寡宿入疾厄宮，有癆傷下寒之症。

★**疾厄宮中顯示有『容易感冒』的疾病星座有：**

太陽入疾厄宮，易於感冒。

陽巨入疾厄宮，易得感冒。

紅鸞入疾厄宮、命宮、身宮者，易傷風感冒。

★**疾厄宮中顯示『易於疲勞、四肢無力之症』的星座有：**

紫殺同宮於疾厄宮，健康無病災，但常感身心疲乏、肢無力。

擎羊入疾厄宮的人，有頭痛、四肢無力的症狀。

2. **從流年、流月活盤中的疾厄宮來看我們當月的健康狀況**。看法也與命盤正盤中疾厄宮的看法相同。

★若流年、流月的疾厄宮內之主星陷落，或有羊陀、火鈴、化忌、劫空等星同宮或在流年、流月之福德宮來沖照疾厄宮的狀況，則有病變的可能。

★若流年、流月的疾厄宮逢天機陷落，巨門陷落的運程時，也會有身體不適、體弱生病的狀況發生。

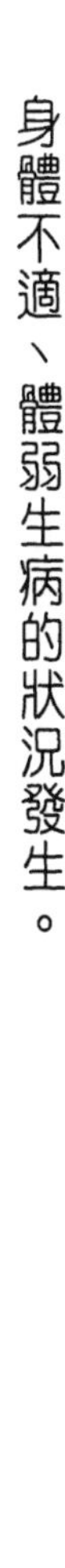

★若流年、流月的疾厄宮內逢『七殺、擎羊』、『破軍、羊刃』等星同宮，會有開刀的事情發生。

★若流年、流月的疾厄宮內逢巨門、文曲、擎羊、大耗同宮，有車禍、血光之災。

★流年、流月疾厄宮中有病符與煞星存在者，有病變。

流年、流月對於疾病的預防，有很大的功效。在知道自己當年的某月有生病的可能之後，再由前述的疾病種類中查出病灶所在。如果是眼疾，就要預先注意保養眼睛。如果是外傷，外出則要份外小心，當可保生病的那個月可平安渡過，就算是真的得病了，也不會太沈重。願大家萬事吉祥！

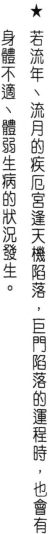

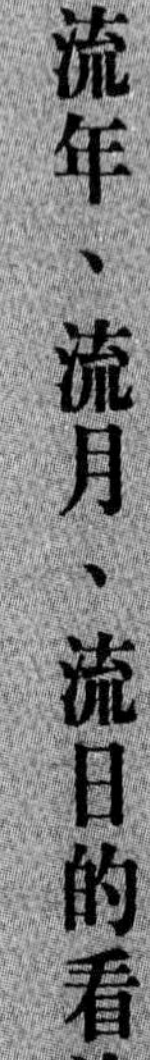

流年、流月、流日的看法

流年的看法：

流年是指當年一整年的運氣。子年時就以『子』宮為當年的流年。以『子』宮中的主星為該年的流年命宮的主星。倘若是丑年，就以『丑宮』為流年命宮，宮中的主星就是流年運氣了。以此類推。

丑年中，以『丑宮』為流年命宮，子宮為流年兄弟宮、亥宮為流年夫妻宮，戌宮為流年子女宮，酉宮為流年財帛宮，申宮為流年疾厄宮，未宮為流年遷移宮，午宮為流年僕役宮（朋友宮），巳宮為流年事業宮，辰宮為流年田宅宮，卯宮為流年福德宮，寅宮為流年父母宮。如此就可觀看你丑年一年當中與六親的關係，及進財、事業的行運吉凶了。

流月的看法：

流月是指一個月中的運氣。

要算流月，要先找出流年命宮（例如丑年以丑宮為流年命宮），再由流年命宮逆算自己的生月，再利用自己的生時，從生月之處順數回來的那個宮，就是你該年流年的一月（正月）。

舉例：某人是生在五月寅時。丑年時正月在亥月（從丑逆數五個宮，再順數三個宮那是正月）

＊幾月生就逆數幾個宮，幾時生就順數幾個宮，就是該年流月的正月，再順時針方向算2月、3月……

7月 巳	8月 午	9月 未	10月 申
辰 6月			11月 酉
卯 5月			12月 戌
4月 寅	3月 丑	2月 子	1月 亥

流日的算法：

流日的算法更簡單，先找出流月當月的宮位，此宮即是初一，順時針方向數，次一宮位為初二，再次一宮為初三……以此順數下去，至本月最後一天為止。

流時的看法：

流時的看法更不必傷腦筋了！子時就看子宮。丑時就看丑宮、寅時看寅宮中的星曜……以此類推來斷吉凶。

法 雲 居 士

◎紫微論命

◎代尋偏財運時間

賜教處：台北市撫順街2號6樓之3
電　話：(02)894-0292
傳　真：(02)894-2014

SUPER
BRITHDAY BOOK
1
千奇百怪過生日
齊藤陽子
怪頭俱樂部編輯小組
聯合主編
VENUS
金星出版
地址：台北市撫順街2號6F之3
電話：(02)8940292・傳真：(02)8942014
郵撥：18912942 金星出版社帳戶

法雲居士◉著

•金星出版•

成功的人都有成功的好朋友！
失敗的人也都有運程晦暗的朋友！
好朋友能幫助你在人生中『大躍進』！
壞朋友只能為你『扯後腿』！
如何交到好朋友？
好提升自己人生的層次，
進入成功者的行列！
『交友成功術』教你掌握
『每一個交到益友的企機』！
讓你此生不虛此行！

法雲居士◉著

•金星出版•

地址：台北市撫順街2號6F之3
電話：(02)8940292・傳真：(02)8942014
郵撥：18912942 金星出版社帳戶

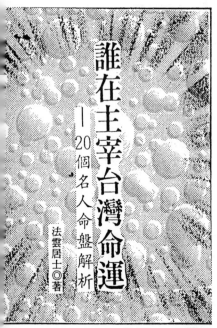

命理生活新智慧・叢書05

算出紫微斗數

簡易排法及解說

命理生活新智慧・叢書05
三分鐘
算出紫微斗數
簡易排法及解說
法雲居士◉著

•金星出版•

你很想學紫微斗數，
但又怕看厚厚的書，
與艱深難懂的句子嗎？
你很想學紫微斗數，
但又怕繁複的排列程序嗎？
法雲居士將精心研究二十年
的紫微斗數，寫成這本書。
教你用最簡單的方法，
在三分鐘之內排出命盤，
並可立即觀看解說，
讓你在數分鐘之內，
就可明瞭自己一生的變化，
繼而進入紫微的世界裡，
從此紫微的書你都看得懂了
簡簡單單學紫微！

法雲居士◉著

•金星出版•

地址：台北市撫順街2號6F之3
電話：(02)8940292・傳真：(02)8942014
郵撥：18912942 金星出版社帳戶

VENUS PUBLISHING CO.
金星出版
命理生活新智慧・叢書